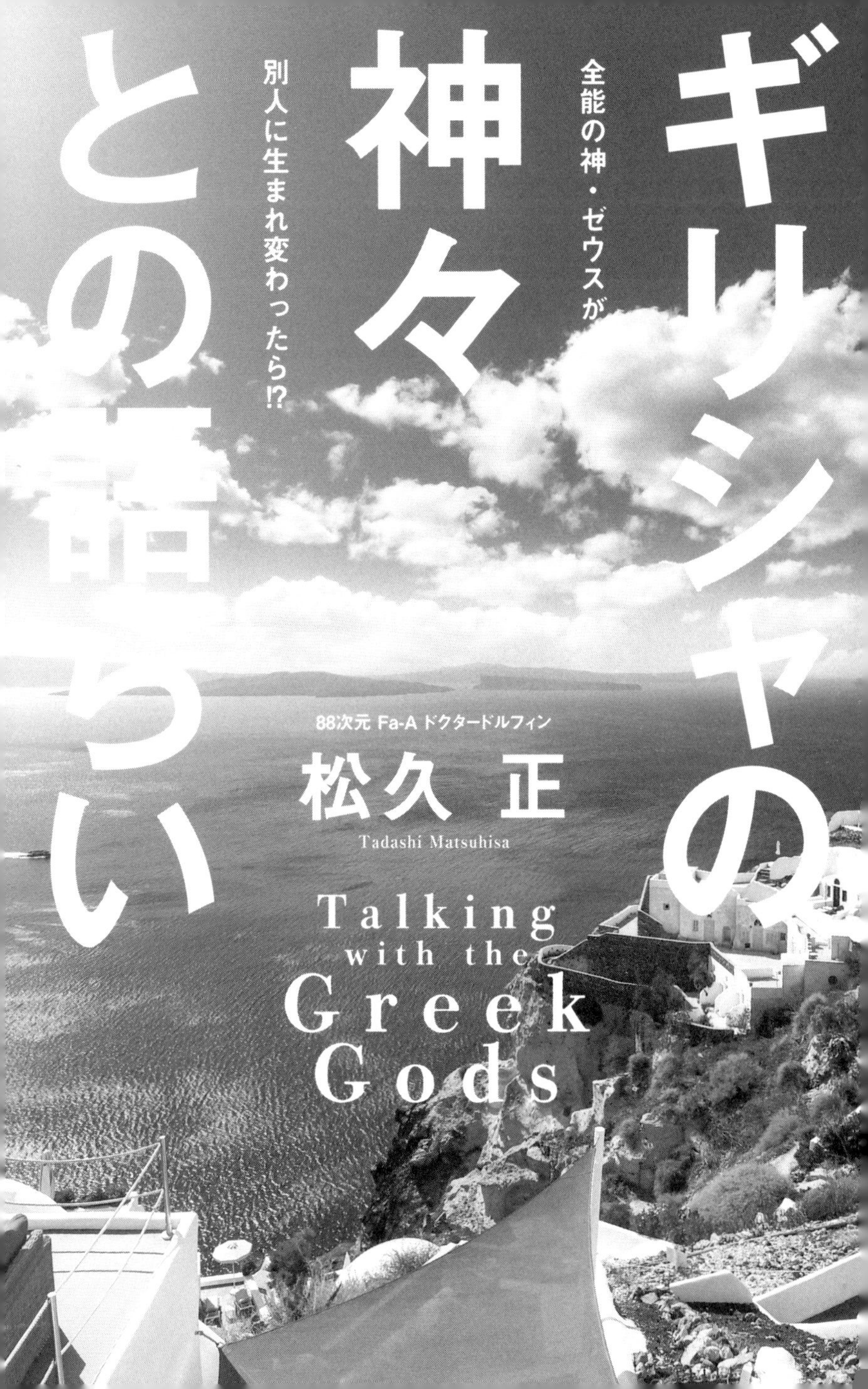

ギリシャの神々との語らい

全能の神・ゼウスが別人に生まれ変わったら⁉

88次元 Fa-A ドクタードルフィン

松久 正

Tadashi Matsuhisa

Talking with the Greek Gods

はじめに

神話というと、実際には存在しない、架空の物語と捉える人が世の中には多いのですが、脈々と語り継がれてきているものは、その国や地域の歴史に大きな影響を与えた実在する世界です。

私ドクタードルフィンがずっと訴えてきている多次元パラレル宇宙論から言えば、人々に語られること、頭で考えられること、思い浮かべられることは、実際にパラレル宇宙に存在しているものなのです。

私は、神話に存在する神々は実際に存在したと知っています。もう一つ大事なことは、量子力学の最先端の視点からすると、神々は、過去のパラレル宇宙として、今も同時存在しているのです。

このことから導かれるのは、過去に存在し、今もパラレル宇宙に同時存在している神々は、我々現代人に大きな影響を与えているということです。この視点があるから、神話はおもしろいのです。この視点を皆さんにしっかり認識していただきたいと思います。

私は、2021年に『高次元語り部　ドクタードルフィンの【遠野物語】』（ヒカルランド）を出版しました。私が岩手県の遠野に行って、語り部のおばあさんになり、囲炉裏端《いろりばた》に座って、座敷わらし、カッパ、おしらさまの話をしました。おしらさまというのは、馬とともに天国に行き、カイコをもたらした女性の話です。

これも同じで、昔話といえども、座敷わらし、カッパ、おしらさまは実際に存在していたし、今も同時存在しています。そして、それが現代人に大きく影響しているのです。

今回はギリシャ神話です。昔話も神話も、今までの情報や内容をそのまま出すのでは、そんなにおもしろくありませんが、おもしろいのは、私ドクタードルフィンがギリシャの神々のエネルギーを書き換えたということです。ギリシャ神話に登場する神々のパーソナリティーが生まれ変わったと同時に、その神々が構成する神話の物語の内容が書き換わりました。今までにないレベルの神々と神話に触れることで、あなたの人生が大きく影響を受けます。

しかも、今回は、私ドクタードルフィンが自分で生まれ変わらせたギリシャ神話の主要な神々をピックアップして、私と語らうところが特におもしろいのです。その語らいの中から何が飛び出してくるかわかりません。

今回取り上げるギリシャ神話の主要な神々は、私ドクタードルフィンのパラレル過去生です。

パラレル過去生とは、今、同時にある、振動数が違う宇宙の世界のことです。同時に存在している私のパラレル過去生はたくさんあります。ジーザス・クライスト、釈迦《しゃか》をはじめ、歴史上の主要人物の多くが私のパラレル過去生です。

まず、私自身の濃厚なエネルギーは、ゼウスと共鳴しています。ギリシャ神トップの全知全能の神です。そして、すぐれた叡智《えいち》、芸術、音楽、予言の神とされているアポロン、絶世の美女・ミロのヴィーナスの原型になったとされる女神アフロディーテ、海の神ポセイドン、さらに、ギリシャ医学の神と言われている不老不死のアスクレピオス、この5神は私のパラレル過去生です。ギリシャ神話を書き換えるのに一番重要な神々を、私が過去生に持っているということです。

この5神と私は魂が共鳴し合っているので、新しく書きかわった神々と語らうことによって、思いがけないおもしろい内容や、現代人に役立つ情報が飛び出すのではないか、読者の次元上昇に必要な情報が自然に得られるのではないかと、私はすごく期待しています。

本書の登場人物

ギリシャ神・ゼウス
全知全能だが女に弱い
62ページ

ドクタードルフィン
本書の著者・ナビゲーター

ギリシャ神・
アフロディーテ
ミロのヴィーナスとは
この方!
性に奔放な愛と美の女神
127ページ

ギリシャ神・アポロン
アーティスティックな
予言者?
弓の名手で
イケメンスター
109ページ

ギリシャ神・
アスクレピオス
古代医学の父。死者を
蘇らせる禁断の力を
持つ不老不死の存在
162ページ

ギリシャ神・ポセイドン
怒らせると津波や地震が
発生!?
傲慢な人間には鉄槌を
150ページ

ギリシャの神々との語らい　目次

第2章 いざ召喚！ 新たなギリシャ神話を紡ぎ出す5人の神々

カバーデザイン　森瑞（4tune box）
イラスト　キキ
カバー写真　Shutterstock
編集協力　宮田速記
校正　麦秋アートセンター
本文仮名書体　文麗仮名（キャップス）

第1章

今ギリシャに行き、新生ギリシャ神と対話をする理由

アトランティスとレムリアの融合。
それは力強さと優しさ、陰と陽の統合

「レムリア」、「レムリア文明」という言葉を聞いたことがある人は多いと思います。特にこの本を読むようなスピリチュアル、目に見えない世界に興味を持つ人は、一度や二度は聞いたことがあるでしょう。

レムリアは、超古代の地球に存在したとされる文明で、私ドクタードルフィンは、最後に沈んだレムリア王国の女王でした。このことは、私の何冊かの本にも書いてあります。

私の使命は、これからの新しい人類のために、レムリアを復興させ、しかも進化させる、つまり、レムリアを次元上昇させて、エネルギーを上げて復

活させることです。これまでそれをずっとやってきました。

レムリアの復活とは、愛と調和のエネルギーをさらに上げるということです。そして、個の強化と融合がレムリア文明のエネルギーです。

私は、この数年、国内、海外でいろんなエネルギー開きのリトリートツアーをやってきて、レムリアのエネルギーをたくさん開いてきました。

レムリア文明のエネルギーの延長線上に、ムー王朝のエネルギーがあります。ムー王朝のエネルギーも私は再三開いてきました。だから、私は、地球でレムリア文明のエネルギーをかなり開いてきたのです。

アトランティス文明は、レムリア文明が沈んだ後、その継続であるムー王朝を経て、ムー王朝が滅びた後に起こった文明です。

アトランティス文明は、宇宙のプレアデス文明のエネルギーを受け継いでいて、知恵とテクノロジーにすぐれた文明です。しかし、不幸なことに、アトランティス文明はそれをエゴと破壊に使ってしまいました。エゴと破壊のために争いばかりになってしまったというのが超古代の地球の歴史です。

しかし、いよいよ戦争はなくしていかないといけない。ある意味、平和を実現させていかなければいけない。過去にあったアトランティス文明は、今、同時に存在していますから、プレアデス文明経由の知恵とテクノロジーを、エゴと破壊ではなく、協調と創造で使える文明に書き換える必要がありました。しかし、アトランティス文明のエネルギーはやはり非常に破壊的でエゴが強いエネルギーなので、これまで地球人類は誰も書き換えることができませんでした。

エネルギーが飛び抜けていないと開けないので、今回、ギリシャのサントリーニ島で、私がアトランティス文明をエゴと破壊から協調と創造に書き換えて、開いたのです。

ギリシャ神話の神々ほどハレンチな、乱暴な存在はいません。平気で人を殺す、だます、女性を犯す。奪い取る。日本神話にもそういうところはありますが、ギリシャの神々の魂はアトランティス由来なので、ギリシャ神話はアトランティスのエゴと破壊そのものでした。自分のエゴを満たすために勝手に女性を奪ったり、人を殺したり、自分に不都合なものを破壊したりする。

今回、私がアトランティスを穏やかに書き換えて、レムリアと融合することができました。アトランティスとレムリアの融合は、アトランティスが陰なら、レムリアは陽、陰と陽の融合です。だから、ギリシャの神々を新しく書き換えることができて、新しいギリシャ神話に生まれ変わらせることができたのです。

これからアトランティスとレムリアの融合により、レムリアの優しさとアトランティスの力強さが組み合わさって、私のエネルギー開きでニューオーダーワールド、新秩序の世界に入ります。

ギリシャ神話は、世界で最初に生まれた神話です。ギリシャ神話から、イタリアのローマ神話、北欧神話、イギリスの神話と広がっていきました。日本の神話にもなりました。ギリシャ神話がまさに大もとなので、ギリシャ神話が書き換わったということは、世界の神話が全部書き換わったということでもあります。

なぜ「新生ギリシャ神と語らいたい」と思ったか

私、ドクタードルフィンが、自分が書き換えたギリシャの神々と話をしてみたいと思った理由をお話ししましょう。

今までは本当にエゴと破壊が強かった彼らが、私が書き換えてからは協調と創造のエネルギーを持ったわけです。ということは、彼ら自身も成長していいます。過去の自分と、今新しく生まれ変わった自分の両方を体験しているので、我々人類の次元上昇に役立つ、いい情報を彼らから引き出せると考えました。

だから、それぞれの対談の中から、読者にいろんなものをつかんでほしいのです。読者が100人いたら、どんな情報が必要かというのは100人とも違います。私と新しく生まれ変わったギリシャの神々との対談の中で、100人が、それぞれ違う一言に、「あっ」という気づきが生まれれば最高だと思います。5人の神々との対談で、その神の本質をできるだけ多く引き出したいと思います。

ギリシャ神話にフォーカスし新秩序世界を開く

2023年4月21日から30日にかけて、私は有志の方々と実際にギリシャに行って、自分のパラレル過去生である神々にフォーカスを当てて、ゼウス神をはじめとする神々を書き換えて生まれ変わらせ、ギリシャ神話を総括するアトランティスのエネルギーを開くというセレモニーを行ってきました。

その直後、まさにエネルギーがホットなタイミングで、私がこの本を書かせてもらうことは、すごくエキサイティングなことです。

私がこのエネルギー開きを行ったのは、世界に新秩序をしき、ニューオーダーワールドを展開するためです。

我々人間はみんな古い秩序で生きてきました。古いルール、古い規則は、もう限界なのです。古い秩序から新しい秩序に切り変わるのに最も象徴的なのは、新型コロナウィルスです。3年間、長かったです。

私がヒカルランドから出した『ウィルスの愛と人類の進化』と『地球人類よ、新型コロナウィルスを浴びなさい！』という2冊で自分の主張を吠えて、その後、週刊誌に叩かれたり、ユーチューブを完全にバンされたりしたのですが、私は主張を曲げずにやってきました。私がそれだけ真実を訴えても、世の中はそれを隠そう、ねじ曲げようとしてきました。3年間、すごい勢いで人類をうまく操ってきたのです。

古い秩序で何とか人類をコントロールしてやろうという最後のあがきが、新型コロナウィルスでした。私も人類を目覚めさせるために随分いろいろ発信してきたし、活動してきたわけですが、3年目になって、新型コロナの感染法上の位置づけがようやく2類から5類になりました。はっきり言えば、そのタイミングが遅過ぎました。最初から5類にしておけば何も起こらなかったのに、2類にしてしまったがために、大変なお金を使い、人々を非常におびえさせ、世界をダメにしたわけです。

それをやってきたのは、陰の勢力とかディープステートとか、言い方はいろいろあるにしても、全てはアトランティス系列です。つまり、エゴと破壊の古いアトランティスのエネルギーです。新型コロナウィルスは、アトランティス文明のエネルギーが人類を自分たちの古い秩序の奴隷にするための最後の強烈な手段でした。ワクチンを打て、行動制限しろと、今振り返ってもすさまじかった。

ようやく新秩序世界を私が開くタイミングが来ました。だから、世界の神々の筆頭であるギリシャの神々を書き換えて、ギリシャ神々の大もとであるアトランティスを書き換えて世に出したのです。まさに2類から5類に移り、マスクをしない人間がふえ始め、日本の社会がようやく動き出した、このタイミングです。

ギリシャでのエネルギー開きを成功させ、最後にアテネに戻って、帰国のためにPCR検査を受けました。1人か2人は陽性が出るかなと思っていましたが、朝6時に旅行会社から電話がかかってきて、まさかの7人出たと言うのです。これでは日本に帰れないと思ったら、そのとき岸田さんが日本入国には陰性証明を必要としないと発表したというニュースが出ました。私がアトランティスを開いて、新秩序の世界を世に出したタイミングで、陰性証明がないと日本に入れないという古い秩序からそれを不要とする新秩序に切り変わったのです。

私は、新秩序（ニューオーダー）の世界が始まるというきっかけをつくりました。ギリシャでそれだけ大きな仕事をやって、帰ってきたら新型コロナが2類から5類に移りました。

ワクチンの3回接種証明がなければ飛行機に乗せないと、バイデン大統領がわけのわからないバカなルールをつくったので、私はアメリカにずっと行けなかったのですが、そのルールをようやく取り下げました。遅いですが、これも新秩序が入ったからです。

いよいよ古い秩序から新秩序（ニューオーダー）の世界に入りました。このタイミングで私がギリシャの神々と語り合うことはとても大事なことです。

現地ギリシャのリトリートツアーをここに再現

「ドクタードルフィンと行く［ギリシャ・地中海・エーゲ海の旅］古代ギリシャの神々と繋がる特別リトリートツアー」は、日本時間２０２３年４月21日から４月30日までの10日間で行いました。

今回、私がギリシャの神々のエネルギーをどのように書き換え、その結果、ギリシャ神話をどのように書き換えたのか、それだけでなく、アトランティス文明のエネルギーをどのように書き換え、世に出したのかということを、皆さんにご紹介したいと思います。

私が海外のエネルギー開きリトリートを行うのは３年ぶりです。２０１９年９月にベトナムでレムリアの龍エネルギーを開いたのが最後で、それから新型コロナが蔓延《まんえん》して、海外に行けなくなりました。３年ぶりに、海外のリトリートをついに実現できたので、すごくうれしい思いでこの旅を始めました。

✸ 4月21日(金)　成田

夜10時半出発の便だったので、参加者15名、スタッフも含めて総勢20名が成田空港に夕方に集合しました。成田空港はすごい人でした。私はこの３年間、国内のエネルギー開きリトリートをたくさん実行してきたので、飛行機にも何度も乗りましたが、羽田空港も成田空港もとてもすいていました。今回は多くの人で混んでいましたので、時代がだいぶ変わったなと思いました。

成田空港で軽く食事を済ませて、ＵＡＥ（アラブ首長国連邦）のエミレーツ航空に乗りました。ＵＡＥといえば世界で最も裕福な国とされています。

その航空会社ですから、すごく豪華な感じがしました。

そして、10時間近く乗って、まずUAEの最大都市ドバイでトランスファーしました。ドバイで3時間ぐらい過ごして、またエミレーツ航空でアテネの国際空港に着きました。難しい長い正式な名前があるのですが、あまりにも長いので、通称・アテネ空港と呼んでいるようです。

✵ 4月22日(土)　ギリシャ1日目

トランスファーも含めて丸一日かかり、時差もあって、アテネには夕方に着きました。
NJVアテネプラザホテルにチェックインし、初日の講演会を開きました。
私がスピーチをした後、ウエルカムパーティーを行い、初日は終わりました。

✸ 4月23日（日）　ギリシャ2日目

アポロン神が神託を得た
デルフィ古代遺跡のアポロン神殿を開く

ホテルを出て、午後1時ごろ、丘の上にあるデルフォイの古代遺跡に着きました。参加者一同でアポロン神殿に向かいました。アポロン神殿は壮大でした。遺跡だから神殿はほとんど崩壊しているのですが、柱が見事でした。

アポロン神は、医学、芸術、音楽、予言の神です。医学の神としてはアスクレピオスが有名ですが、アポロンも医学に関与しているのです。

まず、アポロン神が神託（神の言葉）を受け取っていた場所、アポロン神殿で、1回目のエネルギー開きを行いました。アポロン神の癒《いや》しと次元上昇を目的として、アポロン神の高次元DNAを操作して、祈りを捧げ、エネル

４月23日　デルフィ古代遺跡のアポロン神殿にて、アポロン神のエネルギーを書き換える地球史上初のセレモニーが完了

異次元の新生アポロン神殿を再生するエネルギー開きのセレモニー。現地／オンライン参加の70名で、この世紀の時空間体験を共有した

ギー開きセレモニーを20分ほど行いました。

アポロン神のエネルギーを書き換え、新たなレベルに格上げしました。そして、異次元のアポロン神殿をエネルギー的に再生復活させました。

私ドクタードルフィンのパラレル過去生の一つであるアポロン神、ギリシャの神々の主要な存在であるアポロン神のパーソナリティーを書き換え、ギリシャ神話を完全にリライトするための一つの仕事が無事に終了しました。

今回のリトリートツアーの目的は、ギリシャ神話の完全リライト、完全書き換えという宇宙規模のギリシャエネルギー開きを行い、新生世界と新秩序を構築することです。そして最終目的は、人類と地球の次元上昇を可能にすることです。

今回、スタッフを含めて現地参加者20人のほかに、オンライン参加が50人いました。日本にいる参加者にも私のエネルギー開きの映像を送りました。

だから、合計70名の参加者に、開いた新生アポロン神のエネルギーが舞い降りました。それが参加者の次元上昇を促すのです。

その夜、アテネに戻って、ライトアップされたパルテノン神殿が目の前に見えるレストランで食事しました。すごくきれいでした。それで2日目の夜が終わりました。

ギリシャに滞在した1週間、毎日ギリシャ料理を食べましたが、オリーブ油、塩、コショウの味つけが主で、旅が終わるころには、パンチのきいた醬油《しょうゆ》味が恋しくなりました。

ギリシャは太陽の国と言われていて、人が明るい。何を考えているかわからない日本人と違って、何を考えているかすぐわかります。

４月24日　デルフィからアテネに戻り、美しくライトアップされたパルテノン宮殿を眺めながら夕食を楽しんだ

✸4月24日(月)　ギリシャ3日目

クレタ島に渡り、ミノタウルスの迷宮、クノッソス宮殿を開く

アテネ空港から飛行機でクレタ島のイラクリオン空港に行きました。リゾートのメッカ・クレタ島です。アテネのある半島からだいぶ離れています。クレタ島北部の真ん中にあるクノッソス宮殿に行きました。すごくきれいなレインボーのハロが私たちを迎えてくれたので、みんなの気持ちが上がりました。

クレタ島では、まずクノッソス遺跡の考古学博物館に行きました。そこで私は運命的な出会いをしたものたちを全部買ってきました。イルカの壁画の

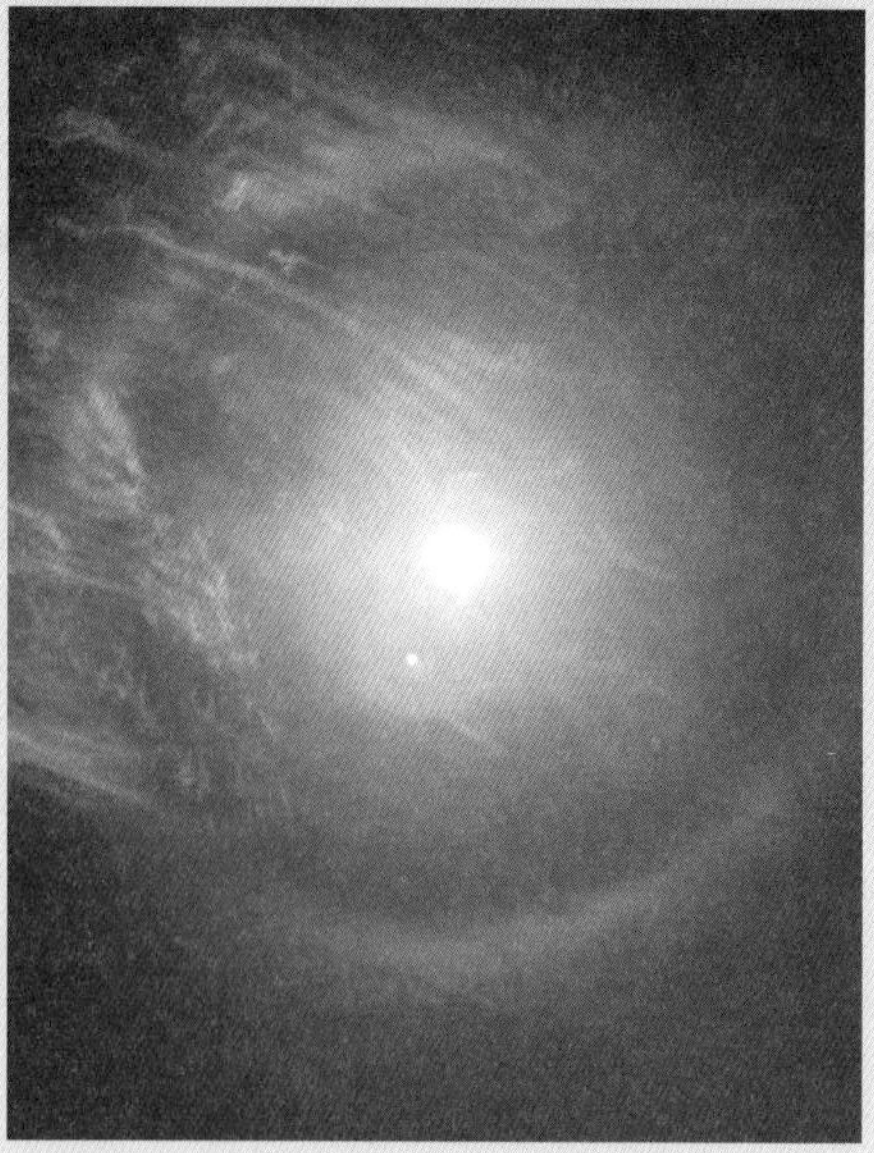

４月24日　アテネ空港から飛び立ち、クレタ島に着陸直前のエーゲ海。上陸すると祝福の太陽ハロがお出迎え

４月26日　クレタ島のクノッソス遺跡・考古学博物館にて

レプリカは私の診療所にかけてあります。大理石の牝ライオンの彫刻と牡牛の頭リュトンのレプリカも買いました。

クノッソス遺跡には、クジャクがたくさんいました。光を浴びて、美しい羽を広げて鳴いているのを見て、すごく感動しました。私は『地球生きもの高次元ＤＮＡ ｗａｖｅ』（ヒカルランド）という本でクジャクのエネルギーについて書きましたが、私たち一行もＮＥＯ火星の自制《コントロール》のエネルギーをたくさん浴びました。

クレタ島には、アテネとは別の、独特の文化がありました。今はギリシャになっていますが、ギリシャ領になる前は別の国だったのです。考古学博物館でその文化を広く学んで、ギリシャの奥深さを知りました。

✸ 4月25日（火）　ギリシャ4日目

ゼウスが生まれ落ちた場所にて
ゼウスの新しいＤＮＡが二重線で出現！

この日は、クレタ島でゼウスの生誕地であるディクテオン洞窟に行きました。ゼウスの母親レアが、夫クロノスに隠れてゼウスを産んだ洞窟です。

洞窟に向かう途中で、牧場で羊の１０００頭ぐらいの大群に出会いました。たくさんの羊がみんなこっちを向いて、メーエーと鳴いているので、私はびっくりしました。私たちを祝福しているのか、見送ってくれているようでした。羊の無償の愛を感じました。ヤギもいました。

ディクテオン洞窟のある山のふもとまで行って、そこから歩くのです。上

４月26日　クレタ島にて。ディクテオン洞窟のエネルギー開きに向かう途中、羊の大群とヤギに遭遇

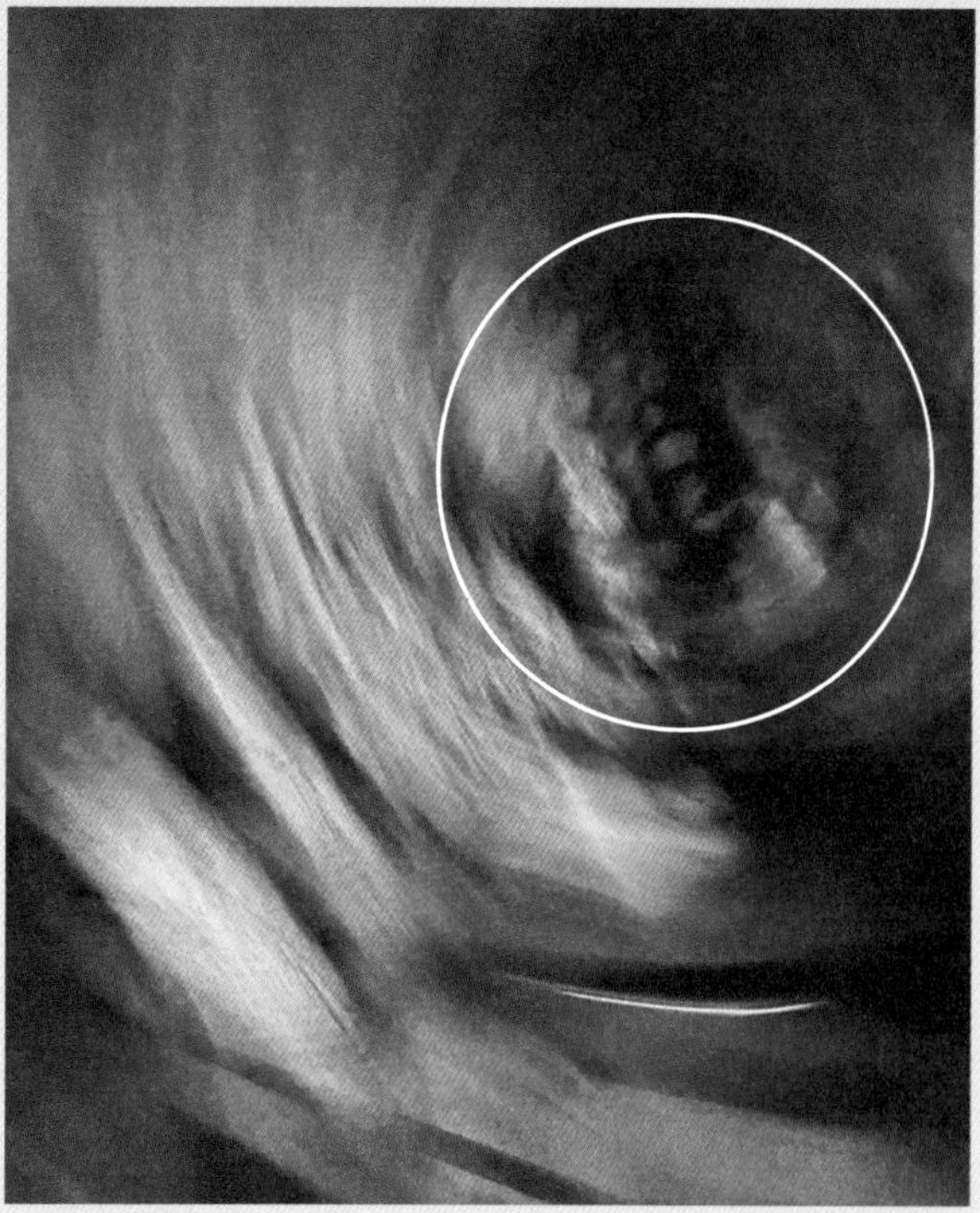

４月26日　ゼウスを開く前に、クレタ島ディクテオン洞窟のゼウス生誕地ポイントにてドクタードルフィンが撮影した高次元写真。異次元渦巻の中にゼウスの顔が浮かび上がっている

り坂を片道30分歩くので、足腰の弱い参加者はロバに乗りましたが、私は歩きました。ロバの目は小さくてかわいい目でした。

山を30分登ると、標高の高いところに洞窟の入口があります。今度は洞窟の中を70~80メートルぐらい降りていきます。上から水滴がポトポト垂れているから、下が湿っていて滑りやすい。

一番下まで降りていっても、どこがゼウスの母親が隠れてゼウスを産んだ場所かという情報がない。それは自分でエネルギーを察知するしかなかったのです。ゼウスが生まれた場所でエネルギー開きをする必要がありました。

狭い通路で、後ろから観光客がどんどん来るので立ちどまれません。私たちは20人いるので、20人一緒に行うのはまさに一瞬の勝負でした。ほかの観光客に迷惑をかけてはいけないので、タイミングを逃したら、できないかもしれない。うまくできたらいいなと、私はすごく緊張していましたが、神のご加護だと全て委ねて歩いていきました。

洞窟の一番下のところは、さらに下に10メートルぐらい掘り下がっていて、そこに長さ10メートルぐらいの吊り橋がかかっていました。その吊り橋の真ん中に立ったときに、私は「ここがゼウスを産んだ場所だ」と察知しました。

そこでみんなに「早くこっちへ来い！」と言ったら、足が悪い人もみんな必死で降りてきました。10メートルぐらいの吊り橋に20人がそろったときに、「じゃ、始めるよ」と、5分間ぐらいでセレモニーをしました。ゼウス神を書き換えて、開きました。

その瞬間は私の魂をかけた勝負でしたが、うまく成功しました。私がエネルギー開きをしているとき、渦巻きみたいになって、そこに光がさして、すばらしいエネルギーでした。

エネルギー開きをした直後、ゼウスのエネルギーが二重線で出てきました。生まれ変わったゼウスの新しいＤＮＡです。

ゼウスの顔も浮かび上がってきました。

エネルギー開きのセレモニーが終わると、新生ゼウスの DNA がドクタードルフィンの手元に現れた

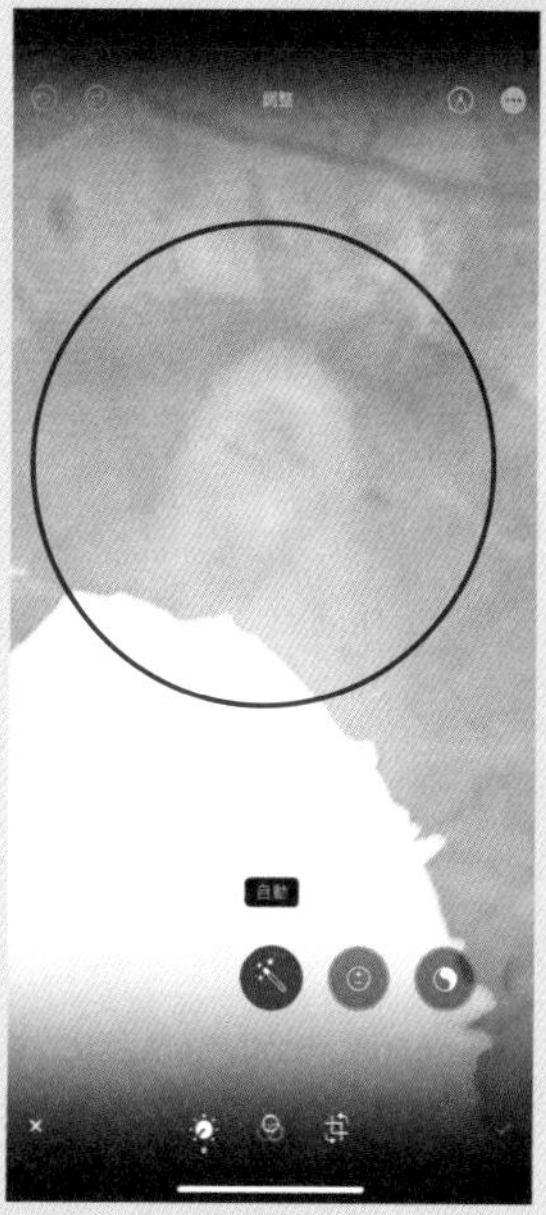

４月26日　世界で最も古いキリスト教教会の建築物、クレタ島のゴルデュス遺跡にて。光の中にマリア様が出現

4月26日のフェイスブックには、このように書きました。

ギリシャ・クレタ島、全知全能の神ゼウスの生誕地ディクテオン洞窟にて、ゼウスの高次元DNA、パーソナリティーを書き換え、人類、地球の次元上昇を強力にサポートするゼウス神を地球リーダーに新生誕生させました。これにて私ドクタードルフィンの今回の大きなエネルギー開きの目的、ギリシャ神話のリライト（書き換え）が大きく前進しました。

ゼウスの洞窟がある山のふもとで、オレンジジュースを3杯飲みました。1杯のジュースにオレンジを3個絞ってくれるのです。とても美味しく、最高でした。

その後、クレタ島のラダマンテュスの古代遺跡に行って、エネルギー開きをとり行いました。

次に向かったのは、世界で最も古いキリスト教の教会建築物とされているゴルテュス遺跡です。その教会の前で写真を撮ったら、マリア様の顔があらわれて、私たちを祝福してくれました。私はジーザス・クライストのエネルギーを持っているので、母親が出てきて祝福してくれたのです。

✸4月26日（水）　ギリシャ5日目

クレタ島からフェリーに乗って、サントリーニ島に行きました。エーゲ海だから静かだと思っていたら、波が結構あって、意外と揺れました。大体３時間ぐらい乗っていたら酔ってしまって大変でした。

サントリーニ島はとてもすてきなリゾートで、最もギリシャらしいところです。サントリーニワインは日本にあまり入ってきていませんが、有名らしくて、サントワインズというワイナリーの工場を見学しました。試飲をさせてもらって、ワインを買った参加者もいました。

４月27日　いよいよサントリーニ島にて、人類史上初、アトランティスエネルギーを書き換え、新生アトランティスエネルギー誕生を迎える朝

サントリーニ島のフィロステファニ教会前にて。青と白の絶景が目前に広がっている

クレージードンキーはサントリーニ島で限定生産されているビールで、私は専門店でいろいろなグッズを買いました。非売品のグラスも、レストランのオーナーにお願いして無理やりもらいました。

宿泊したホテルのファナリ・ヴィラスは、サントリーニ島のイア地区にあり、映画に出てくるような部屋で、本当にすてきでした。崖っぷちにあって、まさに海の上に建っているようなホテルです。エーゲ海を感じました。

✸ 4月27日（木）ギリシャ6日目

今回のハイライト！　サントリーニ島にて いよいよ新生アトランティスエネルギーを開く

この日は、まさにギリシャの代表的な風景を見に行きました。エーゲ海、青い屋根と白い壁の教会、すばらしい景色でした。

その後、南北に長いサントリーニ島の南部のイア地区、ホテルの近くにあるアクロティリ遺跡で、今回のリトリートツアーのメインであるアトランティス開きというすごく大きな仕事をしました。

ここの遺跡は、ロシアの会社が発掘事業に出資しているそうですが、遺跡を守るために全て屋根で覆われています。

私はエネルギーを読んで、ここはアトランティスの残骸だと確認しました。

遺跡の北側に湾があり、そこに火山があります。その火山とアクロティリ遺跡の真ん中が、アトランティスの中心地だったと読みました。

現在は遺跡になっていますが、私がリーディングすると、当時は、最先端の科学技術、知恵とテクノロジーを使って、アトランティスの映像によく出てくるような輝く壁でできた、洗練された文明都市でした。ある意味、今の我々よりも進化していました。美しく装飾された最先端の建物が建っていた

４月27日　サントリーニ島のアクロティリ遺跡にて、アトランティス文明エネルギーを書き換える。これにより、新しいギリシャ神話が誕生

４月27日　また一つ、ドクタードルフィンの大きな使命が果たされることとなった

のです。

アトランティス文明は中南米にも有名な中心地があるのですが、私は、アクロティリのほうが、より中心であるとエネルギーを読みました。サントリーニ島は、哲学者プラトンが語ったアトランティスのモデルではないかと言われています。

午前11時、私はセレモニーを15分ぐらい行い、アトランティス文明エネルギーを書き換え、新生アトランティスのエネルギーを誕生させました。古いアトランティスはエゴと破壊と統制のエネルギーだったので、戦争がたくさん起こりましたが、私が協調と創造と自由の世界に書き換えました。

これまで数年間、私が国内と海外で開いてきたレムリア文明とムー王朝の愛と調和のエネルギー、個の独立と融合のエネルギーが、この瞬間、私が開いた新生アトランティスエネルギーと共鳴しました。これが非常に大きな仕事でした。

それにより、私が開いたゼウス神、アポロ神だけでなく、アトランティスの子孫がギリシャ神なので、全てのギリシャ神のパーソナリティー、DNAが書き換えられました。その結果として、ギリシャ時間4月27日午前11時、ギリシャ神話が全て生まれ変わりました。

ギリシャ神話は世界の神話の大もとなので、世界中の神々と世界中の神話が書き換えられ、人類と地球の次元上昇が一気に加速しました。

私ドクタードルフィンは、ここで大きな使命を一つ完全に果たし、飛行機でアテネに戻りました。

✸4月28日（金）　ギリシャ最終日

この日は、アテネでパルテノン神殿に行き、アテネの守り神アテナをさらに書き換えました。

アテナは私のパラレル過去生ではないのですが、参加者の女性のパラレル過去生だったのです。アテナは武装して都市の秩序を守る強い神でしたが、私が書き換えたので、武装を解いて穏やかに都市を守る神に変わりました。それが最後の神の書き換えです。

だから、私が書き換えたのはアポロ神と、ゼウス神と、アテナ神の3体ですが、アテナ神開きは、主要な仕事をやり終えた後のプラスアルファみたいなものでした。

最後にパルテノン神殿で参加者みんなと撮った写真は、とてもきれいでした。

このギリシャのエネルギー開きリトリートは、新秩序の世界を完成させたという一言でまとめられます。

４月28日　ギリシャリトリートの最終日。アテネのパルテノン神殿にて

第2章

いざ召喚！ 新たなギリシャ神話を紡ぎ出す5人の神々

私が書き換える前のギリシャ神話とは？

ギリシャ神話は、それはそれは、皆さんが本当に驚くような世界でした。神々の世界といえば、皆さんは、敬意を払うような正義の世界と考えていると思います。私は、今回、ギリシャの神々の世界を改めて勉強して、こんなハレンチな世界があるのかと驚きました。今、これがリアルな3次元の地球で行われたら、アウトです。みんな牢獄行きです。それぐらいひどいことをやり合っていました。

最初に、カオス（虚無）という何もない世界に、大地の女神ガイア、愛の神エロス、奈落（地底）の神タルタロスという3柱の神が登場しました。

ガイアは、神々を次々と産み出します。まず、天を支配するウラノス、海を支配するポントス、それから、高い山々を産みました。これがギリシャ神話の神の始まりです。

そして、ガイアは自分が産んだウラノスと結婚して、ティタン神族と、ヘカトンケイルとキュクロプスという2組の怪物を産み出しました。

そこからいろいろ枝分かれして細かい話になるのですが、大きな流れだけ説明しておきますと、ウラノスとガイアはいろんな神々を産みました。でも、ウラノスには悪い癖があって、タルタロスという地底の神のところに、子どもたちを全部閉じ込めてしまうのです。

ギリシャ神話でここが一番恐ろしい話です。

母親ガイアはそれを悲しんで、末っ子のクロノス（農耕の神）に、「お父さんをやっつけておくれ。お母さんがウラノスとベッドの上で愛の営みで結ばれているときに、父親のおちんちんを鎌でちょん切ってほしい」と言ったのです。

クロノスは、母親のガイアに言われたとおり、その行為の最中で元気な状態のおちんちんを鎌で切って、お父さんのウラノスは死んでしまいました。

切られたおちんちんは海に落ちて、その周りに泡がワーッと出てきました。その泡から生まれたのが絶世の美女、ミロのヴィーナスの原型となったアフロディーテです。

お父さんをやっつけて英雄になったクロノスは、いい気になっていたのですが、母親ガイアから、「かわいそうだけど、あなたもお父さんと同じように、自分の子どもに命を奪われるのよ」と言われたのです。それで恐れおののいたクロノスは、子どもがどんどんできるのですが、生まれた子どもを次から次へと、すぐ呑《の》み込んでしまう。

クロノスは自分のお姉さんであるレアと結婚して、その間に生まれた子どもを5人呑み込みました。6人目に妊娠したのがゼウスで、レアは、この子だけは何とか助けなければと思って、赤ん坊と同じぐらいの大きさと重さの石を用意しました。

レアは、クレタ島の洞窟の一番下でゼウスを産みました。そして、用意した石を布で包んで、「これが6人目の子どもよ」といって石をクロノスに差し出しました。クロノスは何も疑わずに石を吞み込み、子どもを吞み込んだと思ったらしいのです。

その後、ゼウスは、クレタ島の洞窟から別の山に移され、そこでいろんな妖精たちにヤギのミルクで育てられました。

ゼウスは成長し、全知全能と言われる能力を発揮し、権力を持つようになりました。タルタロスの戦いとか、ティタン族とオリュンポスの神々の戦いとか、ギリシャ神話におけるいろんな戦いの中心になったのがゼウスです。ゼウスはその戦いを勝ち残って、神々を支配するようになりました。

その後もギリシャ神話は続きますが、とりあえずここまで知っておけば、私と神々との語らいを楽しんでいただけると思います。

語らい（その一）　新生ゼウス

BEFORE：ビフォー
最高神でありながら、浮気者で女性に弱い?!

ゼウスは、最高神とされています。全知全能で、全宇宙を支配して、人類と神々の古い秩序を守護していました。

父のクロノスと母のレアは、ともにティタン神族でした。ゼウスは末っ子だったのですが、そのときに最高神とされていたクロノスを倒した功績により、兄である冥府の王ハデス、海の神ポセイドンを差し置いて、神々の頂点に立ったのです。

ゼウスが、父クロノスを初め、その仲間の神々を打ち破ることができたのは、雷霆《らいてい》（激しい雷）という強力な武器を持っていたからです。それ以外にも、あらゆるものを切り刻むことができるアダマスの鎌、雷霆の一撃をも防ぐとされるアイギスの盾など、さまざまな魔法の武器、防具を所有していました。

非常に能力が高く、たくましいゼウスですが、その半面、浮気ばかりして、女性に弱いという欠点がありました。

ゼウスには、もともと姉である正妻のヘラがいました。でも、レトとかデメテルという多くの女神だけでなく、人間の女性とも多く交わりました。そして、たくさんの子をもうけました。

後で出てくるアポロンとか、アルテミスとか、ヘルメスとか、アレスとか、ヘパイストスは、全てゼウスがいろいろな女神との間にもうけた神々です。

人間の女性との間でもうけたのが、ペルセウスとかヘラクレスという半神半人の英雄たちです。

ゼウスは、浮気をするたびに正妻のヘラにこっぴどく叱《しか》られても、悪い癖は直りませんでした。

ゼウスは、変身する力もすごかったので、鳥とか牛に変身して女性に近づきました。「かわいい鳥！」と女性を油断させて、急にもとの姿に戻って口《く》説《ど》く。牛に化けて、牛の背に女性を乗せてワーッと走って、池のそばまで行って、そこでゼウスに戻って口説く。

ギリシャ神話で有名なトロイア戦争は、ふえ過ぎた人間を減らすためにゼウスが企んだと言われています。今の人口削減計画みたいです。だから、あれもアトランティス系の流れとわかるでしょう。ゼウスもアトランティスの神だから、人間を減らそうとした。そういう策士だったのです。

ゼウスは、そういう欠点はたくさんあったのですが、正義と弱者を守る神として厚く信仰され、最高神とされていました。

ゼウスはどんな神に生まれ変わったか？

このようにゼウスは相当やんちゃな神でしたが、私が書き換えて、どう変わったのでしょうか。

ゼウスは、たくさんの女性たちを喜ばせたけれども、その半面、たくさん泣かせてきました。人を泣かせるのはなるべくやめよう、そういう神になりました。もちろん妻を大事にして、人を裏切ることをしなくなりました。女癖がチョー悪かったのが、ほどほどになった。女が好きなのは治らないけれども、エゴで好き放題というのはなくなりました。妻への敬意も払えるようになりました。

人々を導く全知全能という能力で、今までは自分の権力を示すためにいろいろな行動していたけれども、そうではなくて、人類と地球の次元上昇に使いたいと思うようになりました。

小鳥に化けたり、牛に化けたりして女性をだましていた、ありとあらゆるものに変われる変身能力を、今は人を喜ばせたり感動させるために使おうという神に書き換わっています。

ゼウスは、自分のきょうだいたちを呑み込んだ父親クロノスに対して、恨みを持っていました。結局、呑み込まれたきょうだいを助けることになったのですが、やはり人への恨みとか怒りが強く残っていました。今はそれがクリアになって、人を許せるようになりました。

ゼウスは偉ぶってはいましたが、今までやってきた数々の悪さに対して、心の中では常に後悔と罪悪感を持っていました。私が書き換えたことによって、それらが浄化されました。

新しく生まれ変わった新秩序のゼウス、ニューオーダー・ゼウスと私との語らいです。

新生ゼウスとの語らい

では、ゼウスを召喚します。

私がアトランティスの神々の世界へ行って、そこからゼウスが降りてきます。

地球は新秩序世界になり、ギリシャの神々も新秩序世界になりました。私ドクタードルフィンのパラレル過去生でもある新生ゼウスが、今ここまで来ていますから、ぜひここにお呼びして、私ドクタードルフィンは、もう一人のドクタードルフィンであり、ギリシャの神々のトップ、全知全能の神である新生ゼウスと語らいたいと思います。(新生ゼウスを召喚する)

ドクタードルフィン　新生ゼウスさん、きょうはよろしくお願いします。

新生ゼウス　はい、よろしく、ドクタードルフィン。あなたは私の別の姿だということなので、何かおもしろいけど、きょうは楽しみにしているよ。

ドクタードルフィン　４月に私たち一行はギリシャに参りました。我々人類が新しい世界を築いていかないといけない。まさに今、そのタイミングになりましたから、私は、あなたたちギリシャ神話を構成するギリシャの神々に、ぜひサポートしてもらいたいと思ったわけです。

　失礼ながら、今までのギリシャの神々のパーソナリティーと神話の内容ですと、人類が新秩序に次元上昇するのに少しばかり不都合なところもあると考えましたので、僭越《せんえつ》ながら、私がギリシャの神々のパーソナリティーと神話のストーリーをリライトさせていただきました。

　最初は、書き換えられるのに少し抵抗があったようですが、何とか書き換えさせていただいたので、きょうは新しく生まれ変わった新生ゼウスから、新しい人類に向けてとてもすばらしいメッセージをいただけると楽しみにしています。

新生ゼウス ギリシャでは、きつかったなあ、ドクタードルフィン。おぬしのエネルギーがあまりにも高いから、わしも降参じゃ。最初は、書き換えられてたまるかと思っておったがのお、わしは、こう見えても後悔とか罪悪感はあったのじゃ。あれだけ好きなことをやったからな。いろんな神や人間たち、特にわしの妻ヘラも含めて、女性を泣かしてきたな。わしも、やっぱり今のままではダメだなと、気になっていたわけじゃ。

自分のいろんな怒りとか憎しみもまだ残っていたから、そういうのも手放したいと思っていたときに、おぬしがよくやってくれたなと今では思う。あのときはちょっと抵抗したがのお、今となっては、わしはすごく気持ちが楽になったな。

だから、新しいゼウスとして、きょうはいいお話をしたいと思っとるんじゃ。

ドクタードルフィン　そうでしたか。それはうれしい言葉を聞けました。よかったなあと思いました。私もギリシャの神々を書き換えて、ギリシャ神話をリライトしたものの、本当に喜んでくれているかな、私を恨んでいるんじゃないか、怒っているんじゃないかとちょっと思っていました。ほっとしました。

きょうは新しいあなたから言葉を聞けるということで、すごく楽しみに語らいたいと思います。

新生ゼウス　よしよし、よくわかったぞ。わしに何でも聞いてくれ。それについて答えていくとするかのお。

ドクタードルフィン　もう一人の私である、新しく生まれ変わったゼウスさん、いろいろお話をお伺いします。

今回、私は、あなたのお父さんであるクロノスとか、おじいさんであるウラノスとは語らいを持つことはしないのですが、あなたが誕生したのは、ウラノスやクロノスがいたからです。そこを無視しては先へ進めないと思うので、そこをちょっと聞かせてください。

あなたのお父さんであるクロノスは、おじいさんであるウラノスがあまりにも自分勝手でエゴが強かったので、クロノスの母親、つまり、あなたのおばあさんのガイアに言われたとおり、ウラノスの急所を切り取りました。それはすごく勇気が要ることだったと思うのです。実際にあなたのお父さんは、自分のお父さん（ウラノス）を殺してしまった。そういうあなたのお父さんのことをどう思いますか。

新生ゼウス　そうだのお、わしは自分の父親のことはあまり深く聞いておらんのじゃ。あまりにも残酷な話だったから、周囲の皆があまり口にしなかったのかもしれない。でも、そういうことがあったということは、わしも知っておったわけじゃ。

わしたちギリシャの神々は、おぬしも知ってのとおり、世界の神々のまさに大もとになっているわけじゃ。最も大事な神々の集団だと考えてもいいとわしは思っておる。だから、ギリシャ神話の礎《いしずえ》を築いた先祖には、すごく敬意を持っておることは確かじゃな。

しかし、やったことに対してどうかといえば、わしもおぬしが書き換えるまでは獰猛《どうもう》な神だったから、自業自得だと考えていた部分があったのは確かじゃ。でも、おぬしに書き換えられてエネルギーがピュアになった今となっては、相当残酷なことをしたのお、父親が行った残酷さがわしに受け継がれたんじゃなと思っておる。

わしの現役時代は、随分残酷なことをしてきた。人を殺《あや》めてきた。でも、おぬしが新秩序を開いた今となっては、人を殺めることが自分のエゴでなされたというところが問題だと感じるようになった。
あのまま、ウラノスがわしの父親のクロノスに殺されなかったら、その後の神々の世界は大きく変わっていたと思う。もっと悪い方向に行っていた可能性は高い。それを打ち止めにするということで、あれは必要だったと考えるしかない。全ては必然だったと考えるしかないのお。

ドクタードルフィン　そうですね。私ドクタードルフィンも、自分のいろんな本とか講演会で、過去に起こったいろんな悲しいこととか、今起こっている悲しいことに対して、この宇宙の中で起こることは全て必然であって、意味があって、全てポジティブな意味を持たせてあげればいいと、みんなに教えています。それが宇宙の法則なんです。
でも、あなたからそういう言葉を聞けるということに、すごく大きい意味がある。新生ゼウスさんがそのように考えられるようになったのであれば、ローマの神々も、北欧の神々も、イギリスの神々も、日本の神々も、世界中の神々がそういうふうに思えるようになる。神々がそう思えるようになるということは、その支配下にある人間たちもそう思えるようになるということで、私は今すごくうれしく感じています。

新生ゼウス　わしらが変われば、ローマの神々や世界中の神々が変わるというのは、そのとおりじゃ。

父親のクロノスがやったことも、今となっては、残酷ではあるがいたし方ない。起こるべくして起こったということで、そういう意味で言えば、ギリシャの神々の世界の礎を築いた父親はやっぱり称賛される存在だと、今は考えるようになったな。そう思えるきっかけをつくってくれたドクタードルフィンには、感謝しとるぞ。

ドクタードルフィン　うれしいですね。私のギリシャのエネルギー開きリトリートは、20人ぐらいで行ったんですが、ギリシャの神々のエネルギーがあまりにも強過ぎて、体の調子を崩す者が続出して大変でした。それでもやり切りました。
ぐあいの悪くなる参加者たちの様子を見ていると、これをやって本当によかったのかなと自分でも揺らぐところがあったので、ギリシャの神々のトップである全知全能のあなたにそのように言ってもらって、エネルギー開きをやってよかったなとすごく喜んでいます。

新生ゼウス　おぬしがこのタイミングでやらなければ、ずっと古い秩序のままだったからのお。わしらが古い神々の世界にいるということは、世界の神々も古いままじゃ。そうしたら人類も古いまま生きるということで、これは決してよいことじゃなかった。いつ新秩序が来るかわからなかったからのお。そういう意味ではよかったんじゃな。

✹ゼウス生誕の洞窟でのエネルギー開き

ドクタードルフィン　私もこの機会にギリシャ神話を勉強しました。こういうことがなければ勉強する機会がなかったので、本当によかったなと思っています。これまでのゼウスのこともよく知ったし、パーソナリティーを書き換えさせてもらうこともできたし、喜んでいます。

あなたに次にお聞きしたいのは、あなたがお父さんのクロノスとお母さんのレアから生まれたときに、あなたは6人目の子どもでした。5人の子どもは父親に全部吞まれてしまい、あなたは6人目の子どもとして母親のおなかにできたのですが、あなたの母親は知恵を働かせて、あなたが洞窟で生まれた瞬間に石を布で包んで、「これが子どもです」と差し出しました。クロノスはそれが子どもだと思って吞み込みました。それであなたの命が救われたわけです。

私ドクタードルフィンは、4月にクレタ島のゼウスの洞窟に行ってエネルギー開きをして、あなたが生まれた場所で、あなたが新しく生まれ変わるためのセレモニーをしてきました。あそこはすごい洞窟でしたね。

新生ゼウス　そうじゃな。よく来れたなあとわしも思っている。わしの母親は、よくあんなところでわしを産んだなあ。

ドクタードルフィンも歩くのはあまり好きじゃないと知っとるが、おぬしはよくあの山を登り切ったな。登り切ったところに洞窟の入口があって、真っ暗な中を100メートル以上ずっと降りていく。中は水のしずくがポトポトと落ちて、足が滑りやすい状態で、真っ暗なので階段もよく見えなくて、あの歩きにくいところをよく来てくれた。

ここがわしを産んだ場所だと、おぬしはよく気づいたな。

ドクタードルフィン　私は、20人を連れて、あそこで先頭で歩いたんですが、一番下まで降り切ったときに、洞窟の下があまりにも深くて、吊り橋がかかっていたんです。その吊り橋の上を歩いたとき、「ここだ！吊り橋の下の溝になっているところでゼウスを産んだんだ」とわかったんです。

私にはこういう能力があるんです。事前に調査も何もできていなくて、どんなところかも知らなくて、まさかあんな狭い、奥深い洞窟を下まで降りて、どこで産んだかなんて誰も教えてくれないので、暗闇の中で私が見つけ出すしかなかったんです。

ほかの客も結構いたものですから、あまり足をとめられないので、私は「ここだ。ここだ。すぐ来い」と20人を集めて、あなたのエネルギーをそこで開きました。

新生ゼウス　強烈だったのお。わしを開いたなんて前代未聞じゃ。わしはギリシャの神々のいわば王者じゃ。ギリシャの神々の中でエネルギーが最も高いとされている全知全能のわしを、よく開いてくれたのお。

ドクタードルフィン　私はそういうことをやるために、今生だけでなく過去生も含めて、エネルギーを上げてきたわけです。今回は、私しかゼウスを開けなかったと自負しています。

新生ゼウス　今までも洞窟に来た日本人はいたがのお、日本人はいいエネルギーを持っているのでちょっと期待はしたが、みんなダメだった。おぬしが来たときは、エネルギーが全然違った。おぬしは光っておったのお。あそこで誰かがおぬしを撮った写真には、とてもカラフルな青いエネルギー体が写っていた。あれはわしの魂のエネルギーが、おぬしと一緒に写り込んだんじゃ。

あの場所ということがよくわかったのお。短い時間だったけれども、よく開いてくれた。おぬしの瞬発力、一瞬で決定する力と、一瞬でエネルギーを開く能力には感嘆したぞ。

ドクタードルフィン　ありがとうございます。私はどんな人間に褒められるよりも、あなたに褒められることが何よりうれしいです。全知全能の神、ギリシャの神々の王ですから、光栄です。

あなたは両親の6人目の子どもとして生まれました。そして、あなたの賢明な母親によって生き延びた。あなたのお母さんはすごくパワフルでしたね。よくぞ一人でこんな洞窟で子どもを生んだなと、私は今さらながら感嘆しています。

新生ゼウス　あのときは赤ん坊だったから、あまり記憶はないがのお、母親が汗水垂らして、息を切らして、私を抱いているという感覚は、何となくいまだに残っているのお。

母親は、よくこんなところを見つけてくれたのお。やっぱりこれだけ奥深いところでなかったら、クロノスにすぐ見つかってしまっただろう。だから、ここまで逃げ延びたんだのお。

ドクタードルフィン　私もそうだと思います。こういう本当にけわしいところでないと見つかってしまうし、安全に産めなかったということだと思います。

ところで、あなたがここで生まれなかったら、今の神々の世界はなかったんじゃないかなと考えています。ギリシャの神々の世界がなかったならば、世界各地のそうそうたる神々の世界もなかったんじゃないか。そうすると、あなたがここに生まれたということは、世界の礎だった。まさに人類にとってなくてはならない一大イベントだったと思います。あなたがここで生を授かってくれたおかげで、ギリシャの神々が発展し、世界の神々が発展したということです。

新生ゼウス　そう言えるのお。わしはここで産んでもらって、さすがにここでは育てることができないと母親も考えたらしく、また長い道のりを歩いて、クレタ島のだいぶ離れたところにある山のふもとで、クロノスから隠れて育ててくれたわけじゃ。よくやってくれたなと思う。あのころは、人間ではない存在に育てられたんじゃな。ギリシャ神話には、神々でも人間でもない、妖精という存在がたくさんおった。彼らがわしを育ててくれた。

特にわしが一番感謝しているのはヤギだ。おぬしも知っていると思うが、ヤギは山の崖っぷちの斜面を自由自在に歩けるんじゃ。羊にはできない。ヤギは自由自在に動いて、ワシの面倒を本当によく見てくれた。そして、ヤギの乳を飲ませてくれた。わしはヤギの乳で育ったようなものじゃ。

ヤギの乳は人間の母乳の組成に最も近いと言われているのは、わしがヤギの乳で育てられたことに起因しているわけじゃのお。わしがヤギの乳で育てられたから、その子孫である人間の乳もヤギの乳に近いということがひもとけるわけじゃ。

ドクタードルフィン　あなたは妖精とヤギたちに育てられて、見事に立派な神になられましたね。今や世界中の人間が、ゼウスは全知全能の神だと知っています。これはすごいことです。

✺全知全能だが、女に弱い

ドクタードルフィン　あなたは今までエゴが強い自分勝手な神、乱暴な神という要素もありましたが、その半面、全知全能で、戦いに最も強い神とされていました。最高の武将という印象をつくられました。

新生ゼウス　そうじゃのお、わしは全知全能と言われ、戦いに最も強いと言われ、みんなに称えられ過ぎたのじゃ。ドクタードルフィンよ、おぬしら人間もよく知っていると思うが、戦いにしても、人生にしても、完璧というものはないからのう、ただ、わしは運がよかったんじゃ。死なずに生き延びて、戦いに全部勝って、みんなの尊敬を集めるようになった。

今思えば、わしの欠点は女癖だった。これも今の人間たちに広く知れ渡ってしまったが、女癖がすごく悪かったのは本当だったから、わしも何も言えんがのう。

英雄とされたわしが、唯一、羽を広げて自由になれるのは女の世界だったんじゃ。だから、わしは女なしでは、あの世界を引っ張れなかったんじゃよ。やっぱりいつの時代も女の力は強いなあ。正妻ヘラがいたにもかかわらず、悪いことばかりしてきたのお。

ドクタードルフィン　新生ゼウスさん、あなたが女癖が悪かったというのはどの本にも書いてあるし、みんな知ってますよ。相当悪かったんだと思います。

私がギリシャ神話を勉強して特に驚いたのは、あなたは変身能力が高くて、小鳥に化けたり、牡牛に化けたりして、自分の気に入った女性の気を引いて、そのすきを狙って女性を口説き落としたというところです。

新生ゼウス　ワハハ、おぬし、よく知っとるのお。わしも研究され尽くして、いろんなことがバレてしまったがのお。

かわいい女の子がいたんじゃや。でも、わしが寄っていくと、みんな警戒して逃げていくんじゃや。ある女性が小鳥が好きだと知っていたんじゃや。だから、その好きな小鳥に化けてピーチクピーチクさえずったら、その女性が寄ってきたんじゃよ。手のひらに乗せてピッピッと喜んでいるときに、わしが本性をあらわして「わしだよ」と言ったけど、ガードが緩んで、うまくいったんだ。そういうこともあったのお。

もう一つの話は牡牛だ。ある女性の父親が厳しくて、わしと絶対につき合わせてくれなかった。だから、あきらめるしかなかったんじゃや。家族から引き離す必要があったので、わしは牡牛に化けて、そのかわいい女性を背中に乗せて突っ走った。全力疾走だ。池のほとりまで行って、わしは自分に戻って、女性が疲れ切ったところで、うまく口説いたんだ。
まあ、悪く言わんでくれ。わしは、その女性とどうしてもうまくやりたかったんだよ。逆に言えば、その女性たちとうまくいったからこそ、わしはエネルギーを生かせたということもあるからのお。妻がいながら浮気癖を出したことは、その女性たちや、特に妻には悪かったと思うよ。

ドクタードルフィン　今、地球では、ハーレムみたいなのが日常茶飯事という国もありますが、我々日本の国は一夫一妻制ですから、あなたのような人がいたら『週刊文春』とか『FRIDAY』にすぐやられますよ。神の王であるあなたがそんなハレンチなことをやったら、血祭りに上げられて、神の座から引きずりおろされますよ。

新生ゼウス　アハハ、そのとおりじゃ。今の日本じゃなくてよかったなと思うぞ。

ドクタードルフィン　本当によかったですよ。今の日本で神をやっていたら、あなたは今ごろ神どころでなく、ただの大犯罪者ですからね。

✹ 新生ゼウスから現在人へのメッセージ

ドクタードルフィン　ところで、ギリシャの神々は、アトランティスの文明、それもエゴと破壊の強かった古いアトランティスに操られてきたんですけれども、私がアトランティスを穏やかに、協調と創造のエネルギーに書き換えてきましたので、あなたたちも今、大きく生まれ変わっているわけです。

今までのギリシャ神話の内容では、人類が教えられることはあまりなかったんですよ。私もたくさん本を書かせてもらっています。今回、ギリシャの神々と神話を書かせてもらうことになったんですけど、今までの話では、人類が学べることはほとんどなかったんです。
今回、私が書き換えたことで、ギリシャの神々がみんな書き換わってくれて、神話が新しいストーリーになりました。特に大きいのは、神々のトップであるあなたが書き換わったということですから、新しい世界を生きていくことになる人類に対して何か重要なメッセージがあれば、今ここでいただけたらと思うんです。

新生ゼウス　よしよし。わしもおぬしが書き換えてくれる前の古い秩序のゼウスであったら、大したことは言えなかった。もしその中で言うとしたら、好きな女は誰を悲しませても、誰も殺めても奪い取れ。自分の好きなことは、誰を悲しませても、誰を殺めてもやり遂げろというメッセージだけだったなあ。
それは日本とか世界の戦争時代はそれでもよかったのかもしれないが、今となってはダメじゃろう。今、おぬしが書き換えてくれたから、わしのメッセージは大きく変わったわけじゃ。

今は、まず一つはこれじゃ。今の人間たちは、みんな誰かに対して怒りとか不満を持っていると思う。わしもそうじゃったのう。人を殺めたり、つらい目に遭わせた。これも怒りや不満があったからだ。

おぬしに書き換えてもらって、よくわかったんじゃ。今までは古い秩序のギリシャ神々の世界は、善と悪の真っ二つに分かれていた。わしは、よいことは称賛して認めるけれども、悪いことは徹底的に拒否して潰そうとしてきた。善と悪の分離じゃ。

でも、おぬしに書き換えられて、善も悪もない、善を行う役割と悪を行う役割があるだけだということに、わしはあの一瞬で気づいたんじゃ。つまり、量子力学でいう素粒子のポジティブとネガティブが同時存在するということは、一方がなかったら、片方は存在できないということだ。ポジティブがなければネガティブは存在できない。ネガティブがなければばポジティブは存在できない。これは素粒子の超原則である。素粒子は宇宙の全ての物質をつくる大もとだから、素粒子がそうであるということは全ての物質がそうである。つまり、善も悪も両方必要なんじゃ。

善と悪が争ったところで、もともとは全てがニュートラル（中立）である。つまり、全ての物事は中立であり、ただ選ぶだけだ。そういう意味で、わしは片方からしか見れなかったけど、今となっては善もあれば悪もあるということが、よく身にしみてわかるようになった。おぬしのおかげだ。

あのころ、悪としてきたものも、わしらを気づかせたり、学ばせたりしてくれる役割だった。おぬしがよく言っているとおりじゃ。だから、殺めてしまった神々とか人間がたくさんいるがのお、彼らには悪いことをしたなという謝罪と、そういう役割をよくやってくれたという感謝だな。

今の人類も、今わしが言ったことをよく役立ててほしい。善と悪で判断するから怒りや不満が出る。許すという究極の行為には、善も悪もってはダメなのじゃ。人類の次元上昇に最も必要な行為の一つである「許す」の発生には、善と悪を手放すことで、どちらも必要であり、どちらにも感謝する。それがまず一つじゃ。

ドクタードルフィン　ありがとうございます。すごくいい教えですね。私も常々、怒りや不満はダメだし、「許す」ということを言っています。すごく勉強になりました。

ほかには何かありますか。

新生ゼウス　罪悪感と後悔、おぬしがよく話に出すが、これは人間だけでなく、神々もそうだ。存在のエネルギーの振動数、波動を最も下げる感情なんじゃ。それは人類が一番持つべきではない感情だ。

わしは、神々の中でも最も強かったかもしれぬな。皆の前では出さなかったぞ。わしが罪悪感や後悔を持っていたら、誰もついてこなかったから、そんなものは一瞬たりとも出さずに、傲慢《ごうまん》を演じ切っていたんじゃ。わしもそんな悪い神ではなくて、繊細な部分もあった。罪悪感も後悔もたくさんあったが、おぬしが書き換えてくれたおかげで、それが何か軽くなったぞ。

おぬしがいつも発信している内容からいくと、過去の自分がやったことも全て必然であった。善でもなかった、悪でもなかったというところに行き着くからのお。おぬしがそれをやってくれたわけだ。

わしは、そのとき、悲しい思い、つらい思いをさせたことをたくさんやったけど、今となっては、それは今につなぐためのバトンとして大事なできごとだったと捉えられるようになった。

人間たちはいつも過去に振り回されている。過去にあんなことをしなきゃよかった、こんなことをしなければという後悔と、こんな悪いことをしてしまったという傷ついた心のまま生きている。それによって意識振動数をすごく下げているんじゃ。これが一番問題だ。過去は変えられないと思っているんだのお。

わしも今までは、過去は変えられないと思っておった。でも、ドクタードルフィンがわしを書き換えてくれたので、過去は書き換えられるとわかった。つまり、罪悪感も後悔も全部消せるということがわかった。過去は全て書き換えられるんじゃのお。今の人類に一番伝えたいのはこれじゃ。大事なことに気づかせてくれて、ありがとう。

✹新生ゼウスからのサポート

ドクタードルフィン　ゼウスさん、これまでのあなたは全知全能の神と言われていても、争いを起こしたり、いろいろ問題を起こしたりする「問題の神」でもありました。

新生ゼウス　ワハハ、「問題の神」ねえ。

ドクタードルフィン　あなたは別の私自身ですから、私もついつい言葉が過ぎてしまうのですが、あなたが「問題の神」であったことは間違いないと思います。

ただ、私が書き換えさせてもらったおかげで、あなたは「問題の神」どころか、人類になくてはならない神のリーダーになりました。

古い秩序における全知全能の神は、その能力をエゴと破壊に使っていたと思うんですが、これからは協調と創造のために使っていただきたいというのが私の強い願いです。あなたはこれから人類にどのようなサポートを送っていただけるかということを確認させていただきたいと思います。

新生ゼウス　わしは全知全能の神と言われるとおり、飛び抜けた能力を持っておったが、振り返ると、それを人類全体の上昇のためには使えていなかったと思うんじゃ。人類全体が上昇することが大事で、生まれ変わった新しい全知全能の神は、その能力を人類の意識の次元上昇に使うんじゃ。アトランティスが書き換わって、レムリアと融合した。つまり、レムリアの長所である個の強化と融合を、わしのエネルギーの使いどころにしたいというのが、わしの気持ちじゃ。

アトランティスが持っていて、レムリアが持っていないものは何じゃ。それは力強さと非常に賢い知恵、技術力《テクノロジー》じゃ。これがレムリアに合体したということで、個の強化と融合を実現する能力が世界でまさに高まる。だから、わしの全知全能のエネルギーは、今まではエゴで戦闘的、破壊的に使っていたアトランティスの知恵と技術と違い、新しく生まれ変わって協調的、創造的に使う。デストラクティブからクリエーティブに変えるということじゃ。

正直に言って、飛び抜けたわしの全知全能の力は、世界にずるさと、犯罪と、戦争を巻き起こしてきてしまった。だからこそ、今からは変わらないといけない。わしの全知全能のエネルギーを、その反対の方向、協調、友好、個の強化と融合に使う。つまりは、ドクタードルフィンがいつも言う愛と調和の世界の再誕じゃ。

今までそれがどうして実現できなかったのか。力強さがなかったからじゃ。理想や理念だけが高くて、実行する力がなかったんだのお。その実行するアトランティスの力をわしがサポートするぞ。

ドクタードルフィン　それがまさに今ここで聞きたかったことです。聞けて本当にうれしかった。私はレムリア、レムリアとやってきたけれども、どうして動かなかったかというと、アトランティスのよさである力強さがなかったからです。それが今、加わったことで、レムリアの世界を実現する能力が一気に高まった。まさにそこなんです。

✹日本人に喜びと感動を生み出す力を

新生ゼウス　今までは、最高の神としてのわしの力が、人の悲しみとか怒り、絶望を生み出すことに使われていたが、現役時代はわからなかったんじゃ。今回、ドクタードルフィンが書き換えてくれたことでよくわかった。これからは、わしの全知全能の力は、夢と希望、喜びと感動を生み出すために使ってもらわないといかん。

人間が新秩序を開いていく原動力は、喜びと感動じゃ。それを土台に生まれる夢と希望じゃ。地球人類、特に日本人は、今まで喜びと感動が本当に乏しかったのお。世界を変えるリーダーと予言されてきた日本人が、喜びと感動なしでは地球で力が出ないわ。わしは一人一人の地球人、特に日本人を本当にサポートしたい。ギリシャ神話の神々と日本の神々には、すごく強いつながりがあるんだ。だから、ギリシャは日本にとって大事なんだ。日本人一人一人の人生の中で、喜びと感動を生み出す力をサポートするぞ。わしは、やる気満々じゃ。新しく生まれ変わったわしに期待してくれ。

ドクタードルフィン　ありがとうございます。今回は、新生ゼウスさんだけでなく、私のパラレル過去生であるほかのギリシャの神々とも語らいたいと思っているんですが、まず先頭バッターとして新生ゼウスさんとの語らいをさせていただきました。とてもすばらしいお話を聞けたと思います。

✺新秩序世界（ニューオーダーワールド）は、新世界秩序（ニューワールドオーダー）ではない

ドクタードルフィン　同席しているヒカルランドの石井社長、新生ゼウス

に何か聞きたいことはないですか。

石井　今までのアトランティスの陰謀の新世界秩序とは、同じような名前でも内容が違うものに変えてくださるということですが、それはどのような内容になるか、もう少し詳しく教えてください。

ドクタードルフィン　新生ゼウスさん、私の魂の友人である石井社長から質問が出たので、よろしくお願いします。私、ドクタードルフィンは、新秩序を築くためのエネルギー開きであると最初から申し上げています。

　その新秩序とは、今までは陰の勢力たちが、新しい世界をつくるぞ、新秩序をつくるぞと、自分たちのエゴで、自分たちがコントロールする社会をつくるという意味で使ってきました。そこは誤解のないように、私も改めてはっきりさせておきたいと思います。

　私が言う「地球新秩序」というのは、今までディープステートとか陰の勢力が狙ってきた、特定の勢力だけがおいしい思いをする世界ではなくて、全人類が、どんな身分であっても、どんな個性であっても、どんな能力の違いがあっても、それぞれが自分自身に誇りを持って羽ばたいていける世界です。新生ゼウスさんはどうお考えですか。

新生ゼウス　新秩序、ニューオーダーワールド、いい言葉だ。この言葉は、この瞬間から新しい意味になるぞ。今までは一部のエゴの強い人間たちがその言葉を使っていたかもしれぬが、彼らは使えなくなる。彼らにこの言葉はふさわしくなくなる。わしがそういう世界につくりかえるぞ。だから、陰の勢力たちは羽ばたけなくなる。それは彼らは覚悟しておかないといけない。

今まではお金がなければダメで、お金を持つ者がいい思いをする。知識がないとダメ、能力がないとダメ、肩書がないとダメという世界だった。恵まれた環境に生まれないと羽ばたけないという世界でもあった。これがオールドオーダーの世界だ。古い秩序では、生まれたときから自分の人生が決まっていた。
今まで陰の勢力たちがエゴのためにつくった新秩序は、統一国家、世界政府という言葉が出ていたように、彼らだけがトップに君臨し、コントロールし、いい思いをする。自分たちが利益を得て、あとは操り人形になるという世界だった。ピラミッドだった。
新しい新秩序では、それがひっくり返り、全部フラットになるぞ。あらゆる者が自分に誇りを持てる時代で、あらゆる者が化ける能力を持つ時代だ。誰でも変身するチャンスを持てる世界になる。

石井　人間は、今まで殺しまくって、ひどいことをしまくってきたんですが、そういう世界もこれからはなくなるんですね。

ドクタードルフィン　ゼウスさんが殺しまくって、好き放題やりまくってきたから、世界がそうなってしまったと言わざるを得ませんね。

新生ゼウス　そのとおりだから、そう言われるとつらいのお。

ドクタードルフィン　そんなに落ち込まないでください。でも、これは大事なところですから、私もつい正直に言ってしまうのですが、あなたがそういう世界をつくり上げてきた筆頭でした。あなたが書き換わった今、アトランティスが乱暴な世界から平和になったということで、これからの世界には殺戮《さつりく》や戦いがなくなっていくのですか。

新生ゼウス　いい視点だな。まさにそのとおりだ。石井社長、おぬしもいいことを聞いてくれたな。今までは自分を守るために「悪」を一方的に叩いた。でも、これからは「悪」という立場がなくなる。お互いに役割というもので、相手をやっつけるとか潰すことは、ニューオーダーでは人類の進化につながらない。つまり、彼らの意思を尊重して、彼らの立場を生かしてやる。彼らを上げてやるということじゃ。

　今までの古い秩序では、彼らを潰せば自分の立場が上がったが、新秩序では違う。彼らの立場を上げれば、自分の立場も自然に上がるということを知りたまえ。一緒に上がる。だから、相手を潰すとか殺すということはなくなるんじゃ。

✹新秩序世界の男女関係、家族関係

ドクタードルフィン　これからの男女関係はどうなりますか。

新生ゼウス　これもいい質問だ。これについても、女癖の悪かったわしが話しておかなくてはいかんな。

ギリシャの神々の世界には、美女がいっぱいおった。ミロのヴィーナスのもとになったアフロディーテはきれいだったし、人間界にも美しい女がおったんじゃ。わしは我慢できなかったから、次から次に手を出してしまった。今となっては反省しているが、それはそれでよかったと許すしかないんじゃ。

男女関係は、新秩序ではこうなるぞ。今までは男と女が完全に分離していた。アトランティスの世界では、陰の勢力、ディープステートは、男女が完全に分離していたほうが治めやすかったんじゃ。でも、ドクタードルフィンが開いたニューオーダーワールドでは、男女は同じエネルギーで共鳴し出す。ポジティブとネガティブで、片方があれば、もう片方が存在する。両方のエネルギーがあって一つという原理だな。

一人の人間をとると、個人の中に男性性と女性性のエネルギーがあるということを意味している。染色体によって体は見るからに男性である場合には、エネルギー的には女性性が強くなる。体が見るからに女性であるという場合には、エネルギー的には男性性が強くなる。個人の中でも中立を保っているんだのお。

男女関係自体も、男、女で引き合うのではない。体が男性だから男性ということでなくて、体が男性でも女性の役割という人があらわれる。

そういう人は、見た目が女性でも男性の役割という人とお互いに引き合って、中性になっていくんじゃ。

そういう意味では、見た目はあまり重要ではなくなってくる。一人の中でも中性が出てくる。つまり、男女という分類がなくなって、中性のつき合いになってくると同時に、個人の中でも、体は染色体的に男性、女性はあっても、融合すると中立に近づいていくということじゃ。

ドクタードルフィン　夫婦関係についても同じですか。

新生ゼウス　ドクタードルフィン、おぬしも奥さんとエネルギーがえらく違うみたいで、なかなか苦労しとるのう。石井社長のところも、自分は違うとは言えないのお。そんなのはいっぱいいるんじゃ。

男女関係は、分離からの融合を学ぶために、宇宙意志が地球に与えた課題じゃ。本当のことをいうと、夫婦は、紙きれ1枚で同じ家で暮らすのはおかしいんじゃ。でも、それをやることで、エネルギーの全く違う分離した男女が、がんじがらめの鳥かごの中に一緒にいて、お互いにもがいて、そこから学ぶ。古い秩序はそういう時代だった。

しかし、新秩序になった。ドクタードルフィンが最近出した『超古代ピラミッド「富士山」と高次元フリーエネルギー』（青林堂）で30年後の予言を書いていたが、紙きれ1枚の夫婦という形がなくなっていくんじゃ。エネルギーで呼び合う。物質的な交流は減っていって、魂的な交流になってくる。だから、結婚というしがらみにこだわる必要はない。結婚したい者はする。結婚したくない者はする必要はない。自由だ。

神の世界にも子どもはいた。神々の世界の親子は、すごかった。神の世界と人間の世界の一番の違いは、人間の世界では、親子は特別で親子以外は特別ではない、家族は大切だけど家族以外はどうでもいいと、分離している。

しかし、神々の世界では、親子は、特別なものではなく、一つの関係形式にすぎないのだ。

親子は遺伝子的につながっているので、それは大事だが、魂はまったく別の存在である。親子はお互いに学び合うために、魂が同意してDNAの結合を持ってきた仲間じゃ。そういう意味では、自分が望む親、望む子どもでなかったとしても、善悪でなくて、それでいいのだと受け入れて、敬意を払って感謝する。それが最高の関係じゃ。

だから、自分を犠牲にして親を介護するとか、子どもを育てるというのは正しくない。まずは自分を大事にして、その上で親や子どもにかかわるということじゃ。

ドクタードルフィン　新生ゼウスさん、ありがとうございました。

語らい（その二）　新生アポロン

BEFORE：ビフォー

アーティスティックな予言者？　弓の名手でイケメンスター

アポロンは、ゼウスが女神レトと浮気した結果、生まれました。何と、アポロンも私のパラレル過去生の神です。

アポロンは、太陽、芸術（音楽、詩）、予言、美をつかさどる神です。美しくて、かっこよくて、神々の世界の人気者、スターでした。ギリシャで神々の大理石の彫刻を買ってきましたが、ゼウスは力強く、アポロンはやっぱりハンサムです。

アポロンは羊飼いの守護神とも言われています。ジーザス・クライストが人々を羊にたとえたように、また、私ドクタードルフィンが、羊が人類の次元上昇の鍵だと説《と》いて、『羊—人類超進化の鍵〝シープリン〟と〝PUA遺伝子〟』（ヒカルランド）という本を世に出しているように、羊はこれからの人類にすごく大切です。この後、語らいの中で生まれるアポロンのメッセージも、羊が絡むのでとても重要です。

アポロンは、光の神、太陽の神とも言われているので、天照大御神《あまてらすおおみかみ》とも関連しています。

また、弓矢の名手でもあります。この神の放った黄金の矢に当たった人間は一瞬で死ぬとされていたため、疫病神としても恐れられていました。同時に、疫病をはらう神としても信仰を集めていました。アマビエみたいなものです。疫病神であって、疫病をはらう神。ギリシャ神は、一筋縄では捉えられないパーソナリティーがあるところがおもしろいのです。

アポロンは予言の神として、デルフォイのアポロン神殿で神託を降ろしていました。私は、そのアポロン神殿でアポロンを開いてきました。

アポロンはオリュンポスの神々に迎えられましたが、ギリシャ人に敵対的な行動をとることが多かったのです。有名なトロイア戦争では、ギリシャ軍でなくて、トロイア軍の味方をして、無数のギリシャ人を殺しました。

賢く、腕力も強く、スポーツ万能で、見た目もよく、古代ギリシャでは理想の青年像でしたが、このような逆の一面もありました。

新生アポロンとの語らい

（新生アポロンを召喚する）

ドクタードルフィン　新生アポロンさん、私、ドクタードルフィンは、ギリシャのデルフォイの地にあるアポロン神殿で、あなたのエネルギー書き換えをいたしました。新生アポロン神よ、おめでとうございます。これからは、今まで以上に新しい人類のサポートをしていただけるものと非常に期待しておりますし、それが必ず実現すると喜んでいます。

きょうは、私の質問に答えて、これから次元上昇する人類に役立つ情報を皆さんに発信していただくよう、よろしくお願いします。

新生アポロン　私はアポロンである。この前はギリシャに来てくれて、私の神殿で私を開いてくれて、非常にうれしかった。ありがたかった。お礼を申します。ありがとう。

私はギリシャ神話の中では非常に人気のある神とされていて、よく描かれることが多いのです。しかし、ドクタードルフィンがよく知っているように、ギリシャの神々は、誰一人、よいことだけをしている神はいません。よい面もあれば悪い面もある。つまり、神といえども、人間と同じ性質であったと言えます。

今回、あなたが私を書き換えてくれたことで、今までの私のよい面と悪い面が融合されて、この対話の中で、新しい人類のために、新しいアポロンとしてのアドバイスが生み出されることであろうと、私は今、非常に興奮しています。

ドクタードルフィン　私がまずあなたに聞きたいのは、あなたは太陽の神であり、光の神であると言われていましたね。

私自身は、ギリシャ神話が大もとになっている日本神話の中で、とても大切な神である天照大御神とエネルギーが非常に共鳴しています。昨年（2022年）4月、人類史上初めて、宇佐《うさ》神宮に鎮座していた本物の天照大御神を、伊勢神宮の内宮《ないくう》に移動させて鎮座させたのは私です。ようやく伊勢神宮内宮に本物の天照大御神が入りました。今、太陽の神である天照大御神が世界の主役に躍り出ました。

ですから、新生アポロンさんが太陽の神であることは非常に重要な立場であり、これからの人類を照らしてサポートする重要な存在であると思います。

私ドクタードルフィンは、この宇宙に存在する全ての物事には、表と裏が同時存在していると認識しています。つまり、光と闇が同時存在しているということをよく知っています。

ですから、アポロンさんに聞きたいのは、あなたは太陽の神と言われているからには、必ず裏の闇の部分があると思います。今まであなたは、光の部分である太陽の神ということを世間に知らせて、人々の敬意を集めていたわけですけれども、実は闇の部分を隠していたと思うんです。どうですか。

新生アポロン　私、アポロン神は、いつもいい神であろう、人気のある神であろうとしてきたと思います。常に意識的に、よい部分を人に見せようとしていたと思います。

ただ、私にも華やかなポジティブな部分の裏には、醜いネガティブな部分があったことは、ドクタードルフィンも知っていると思います。それはいろんな本にも書かれています。今まで私はそれを隠そうとして、表に出してこなかったのは事実です。

ドクタードルフィン　そうですね。私が思うに、今までは古いアトランティス文明の分離の時代だったので、破壊が起きたのです。分離が強ければ破壊が起きます。しかし、私がアトランティス文明を書き換えて、創造の世界にしました。分離から融合の世界を私が開いたわけです。

アポロン神は今までよい部分を人に見せて、悪い部分を隠してきたというところがあるわけですが、これから善と悪の分離でなく、融合する時代になります。そういう観点で、私ドクタードルフィンに書き換えられて、今、どんな感覚でいますか。

新生アポロン　あなたたち人間に表と裏があるように、神々の世界にも表と裏があります。ギリシャの神々の中で、私アポロンは、表と裏が特に強かったと思います。つまり、よい神である、すばらしい神であるということを人に見せたいという気持ちが強過ぎたということです。

でも、あなたに書き換えてもらった今、感じるのは、私のどういう部分も正直に見せていくことが必要なんだろう、今まで隠していた部分も人間に見せていくことが、これからの人類の次元上昇に必要なのではないかと感じるようになりました。だから、この対談では、そういった部分も隠さずに語っていけたらいいなと思っております。

ドクタードルフィン　それは、まさに私が望むところです。それを引き出せて、非常によかったと思います。

あなたは、例えばトロイア戦争で、通常ならギリシャ軍につくところをトロイア軍について、ギリシャ人を多数殺害したということが記録に残っています。それについてはどうですか。

新生アポロン　私は、あのときは筋を通すとか義理人情というよりは、自分にとってどっちが得するか、有利かということを重視していたと思います。それによって、私の家族とか仲間の神々を裏切るような形になってしまったのがトロイア戦争です。今、思えば、私も本当に浅はかなことをしたなと考えています。

あのころは、トロイア戦争で勝利して、ギリシャ軍の神々をたくさん殺したということで鼻を高くしていた私ですが、今となっては恥ずかしいなと感じております。

人間にとって大事なのは、どちらが自分に利益をもたらすかということではなくて、どちらが自分の心と魂、自分に対して誇りを持てるか、さらに自分に愛を向けることができるかなんだと、今では感じています。トロイア戦争では、それと逆のことをしたのが、当時の私です。

ドクタードルフィンに書き換えてもらったおかげで、それは本当の私ではなかったと気づくことができました。お礼を言います。ありがとうございます。

ドクタードルフィン　それはすごくよかったです。魂にとって、あるべき方向、あるべき生き方があると思いますので、書き換える以前のギリシャ神話のあなたは、やっぱり少しずるい部分があって、大事なものが見えなくなってしまっていたなと感じます。

新生アポロン　確かに私もそう思います。あのころの私は、自分が得をする、いい思いをする方向に常にかじとりをしていたことを恥ずかしく思います。それは今までの人類にも見受けられた部分ですが、これからは魂を純粋にして、自分が本当に向かうべきところはどこかということで、自分の純粋な魂に誇りと愛を持てる自分であるべきだと考えています。

ドクタードルフィン　いいコメントをありがとうございます。

✹エゴを捨て黄金の弓矢で人を救う

ドクタードルフィン　次に聞きたいのは、あなたは光の矢を射るのが得意だったそうですね。

新生アポロン　私は弓矢の名人で、いつも黄金に輝く光の矢を射て遊んでいました。矢を射るとすごく気持ちがいい。放った矢が光り輝いて、天を駆けめぐるわけです。私の一番の趣味でした。

最初はそれで鳥とか獣を射ていたのです。動物であっても殺すのはよくなかったんですけど、私はエゴの強い神だったので、そういったものを射て、動物を殺めていたわけです。そのうち、動物では物足りなくなって、人間を射るようになってしまった。今となっては本当に恥ずかしい話です。

今までのギリシャ神話の本に書かれているように、私の黄金の矢に当たった人間は死にました。別に矢に毒が塗ってあったわけではないのですが、光のエネルギーが高過ぎて、矢に当たった人間はショック死してしまったのです。

私はそれを何人にも射たので、人間がどんどん病気になって死んでしまった。だから、私は疫病の神だと思われたのです。そういう悪い面があったのは確かです。

私は反省しました。人間を殺めるようでは神として失格だと猛省しまして、今度は逆に弓矢で人を救う。矢を射て病気の人を助ける、病気を治癒させる、死から蘇《よみがえ》らせることをやりました。

私は光と闇という両面性を持っています。光は黄金の弓矢、闇は人を殺してしまう弓矢です。このことから、私は人類にこういうことが言えます。人類が体験する宇宙の全てのことは、光と闇が同時に存在していますから、表と裏、どちらの面をとるかだけです。

今まで闇を生きてきた人は、その反対側にある光を見てほしい。それにはどうしたらいいかというと、光と闇は同じ場所にあるのだから、その場所であなたの意識を変換したらいいのです。意識を反対にコロッとひっくり返すということです。それは、ドクタードルフィンが本とか講演会でいつも言っていることで、そういう意識の変え方が大事です。闇を持っている人は、光に変えるチャンスが大いにあるということなので、落胆せずに、すぐに光に変われるのだということをよく知ってください。

今回、新型コロナウィルスが3年間にわたって地球に蔓延しました。非常にショッキングなことだったと思います。実は書き換えられる前の私、古いアポロンが、新型コロナウィルスをばらまくことにある程度加担しました。本当に申しわけなかったと思っています。

これは私たち神を操っていた古いアトランティス文明のエネルギーが、

人類を自分たちの支配下に置こうと、人類をかき乱すために行ったことでした。

しかし、先日、ドクタードルフィンがギリシャ・サントリーニ島に来てアトランティスを書き換えたために、アトランティス文明のエネルギーが人類を支配下に置くことより、人類を自立させるという方向に変わりました。

それによって、私、新生アポロンも新しい方向にかじとりされて、新型コロナウィルスを地球にばらまいていたことを反省し、申しわけなかったとお詫びして、そこから人類が新しく学べるようにサポートします。

これから私は、人類が新型コロナで受けた心の傷、不安や恐怖、怒りをポジティブに生かして、次元上昇に持っていけるようにサポートしていきたいと思います。人類がそういう気づき、学びを持てるように、新生アポロンがサポートします。

✹羊飼いの守護神として人々を解放する

ドクタードルフィン　最後に、もう一つ質問します。

大変興味深いことに、アポロン神は羊飼いの守護神と言われていました。私ドクタードルフィンは少し前に『羊』という本を世に出して、羊のエネルギーが人類の次元上昇に最も必要であると書きました。羊は人類の鍵なのです。

ジーザス・クライストが人間を羊に見立てた言葉が、聖書に書いてあります。羊は人類そのものの姿でもあるわけですし、かつ、人類の次元上昇に役立つエネルギーでもあります。

あなたが羊飼いの守護神だということは、人間を統率する神だとも言えるわけですね。あなたは今まで羊たちを奴隷のように扱っていたのではないかと思います。その辺はどうですか。

新生アポロン　皆さん、羊牧場を思い浮かべてください。そこには牧羊犬がいます。シェパードとかグレートピレニーズとか、いろんな種類がいます。羊を人間たちにたとえると、牧羊犬は陰の勢力です。ディープステートとか、人間を操る勢力です。私アポロンは、牧羊犬を操って人間をコントロールしてきました。それは今となっては、悪いことをしてきたなと思います。

羊たちは、今までは個を奪われて、個を弱化されて、統合されてきたわけです。統合とは、上からの指令でコントロールされることです。つまり、操り人形です。私は、これから羊を解放することに決めました。ドクタードルフィンが私を書き換えたおかげで、牧羊犬を飼うのをやめて、牧羊犬と縁を切りました。彼らは彼らで自由に一生を楽しんでもらう。そして、羊たちを操ることなく、自由に野に放つことにしました。

人間は、これからは個の強化と自由です。統合でなくて融合です。交わりたい者同士が主体的に交わる。強制でない。だから、私は新しい羊飼いになります。これからは新生羊飼いの守護神としておつき合いをお願いします。

ドクタードルフィン　ああ、よかった。新生アポロンさん、いいお話が聞けました。羊とともに、これからもよろしくお願いします。

語らい（その三）　新生アフロディーテ

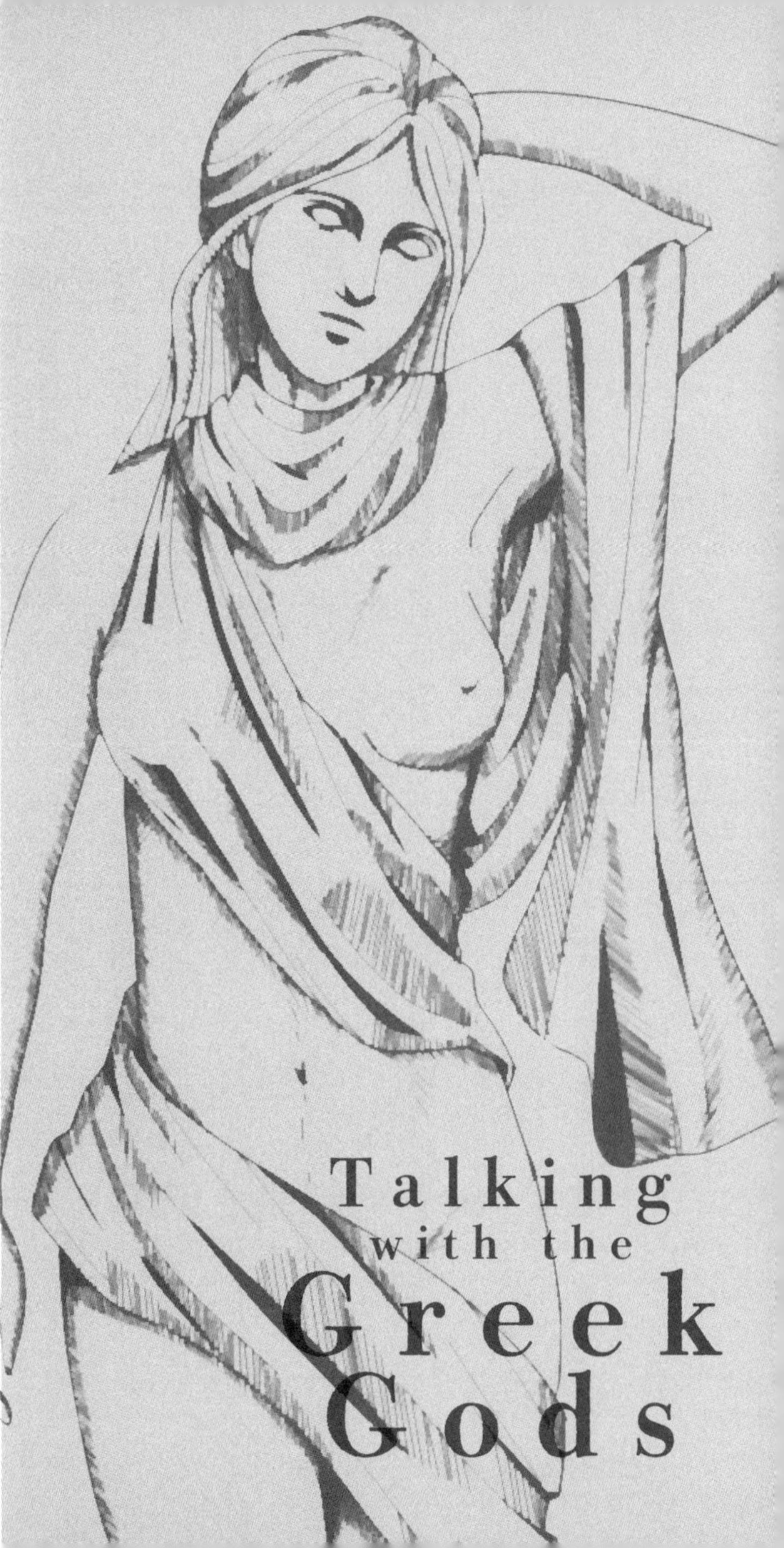

BEFORE：ビフォー

ミロのヴィーナスとはこの方！　性に奔放な愛と美の女神

アフロディーテは、美と愛をつかさどる女神です。ギリシャの数多くの女神のうち、最も美しいとされているのがアフロディーテです。

特に性に対しては解放的で、奔放でした。男は誰も彼女の魅力に勝てません。そのために、「男を殺す神（アンドロポノス）」という別名がありました。ティタン神族であったクロノスが、母親のガイアに言われて、父親のウラノスの男性器を切り落としました。その切り落とされた男性器が海に落ちて、それにまとわりついた泡から誕生したのがアフロディーテです。だから、父親はウラノス、母親は海とされています。

特別にオリュンポスの神々の一員となったアフロディーテは、すぐの性に奔放な本性をあらわし、養父のゼウスを初め、アポロンなど多くの男性の神々や人間とも交わりました。ゼウスもアポロンもアフロディーテも私のパラレル過去生ですから、すごいですね。

鍛治の神ヘパイストスと結婚しましたが、ヘパイストスはちょっとブサイクな男だったので、その後も浮気癖は直りませんでした。

トロイア戦争が起こったのは、アフロディーテとヘラとアテナの3女神が、自分が一番美しいと競って譲らなかったことが原因です。

アフロディーテは、イルカ、白鳥、ハト、スズメがシンボルです。同じエネルギーで、共鳴しているということです。私のシンボルもイルカです。イルカは気まぐれなのです。

アフロディーテは、性に奔放なだけでなく、生殖をつかさどる神でもあります。生み出すこと、豊かさをもたらす神です。

一番有名なのは、美しさにおいてミロのヴィーナスの原型となったことです。ミロのヴィーナスの美しさは、アフロディーテそのものです。

新生アフロディーテとの語らい

ドクタードルフィン　私がアトランティスのエネルギーを書き換えたことにより、ギリシャの神々全員とギリシャ神話全部を書き換えることができました。私のパラレル過去生であるアフロディーテさんも大きく生まれ変わりました。新生アフロディーテさんを、ここに召喚します。ここにおいでください。（新生アフロディーテを召喚する）

新生アフロディーテさん、ようこそおいでくださいました。ありがとうございます。

新生アフロディーテ　ドクタードルフィンさん、私をよく呼んでくださいました。とてもうれしいです。

私は女として、好き放題に生きてきましたわ。でも、あなたに書き換えられて、今は私のこのエネルギーをもっといい方向に使いたいと思っています。きょうは、それをお話しできたらいいなと思っています。

ドクタードルフィン　それはよかったなあ。ミロのヴィーナスの原型となったほどの美女が私のパラレル過去生であることに、はにかむような恥ずかしさがありましたが、あなたが私のエネルギーでもあることを非常に誇りに思っています。

今のお言葉にあったように、今まではその美しさをエゴで使ってしまったこともあると思うんですが、これから地球は「風の時代」となって、女性が主役の時代になります。まさにあなたのエネルギーが人類の次元上昇に必要となりますから、きょうはぜひよきアドバイスをお願いします。

新生アフロディーテ　わかりましたわ。ドクタードルフィンの言うように、私の飛び抜けた美しさを地球人類のよき次元上昇に使っていけたら、この上ない喜びです。ぜひ協力させてください。

ドクタードルフィン　うれしいです。

私は10日間のギリシャのエネルギー開きツアーを組んで、往復を除いてちょうど1週間、ギリシャに滞在しました。帰国する前の日、アテネで、ギリシャにまつわるいろいろな品を売っているすてきなお店に連れていってもらいました。私は、そこでいい出会いがあるという予感がありました。いい出会いがあれば、日本に連れて帰らないといけない。

それ以前に、クレタ島でゼウス神とアポロン神の彫刻はすでに買っていて、彫刻はもういいやと思っていたのです。このお店には、世界の5

点しかないスパルタ軍の甲冑のうちの1点が置いてあったので、それを息子のお土産に購入しました。それが結構高価だったので、これで打ち止めだと思った矢先に、お店の奥でものすごく美しい彫刻に出会いました。私は我慢できずに、店のマスターに「これはどういうものですか」と聞いてしまいました。

マスターは興奮して、「お目が高い！　これはギリシャで最も有名な大理石の鉱山からとれる、最も美しい大理石の手彫りの一点物のアフロディーテです」と言いました。大きさは30センチぐらいですが、持ったらものすごく重かった。白い光を放っている。

クレタ島で買ったゼウスとアポロンの彫刻は、大理石ではありましたが、粉々にした大理石を型にとったものだったので、そんなに高価ではなかったのですが、そのアフロディーテはものすごく高かったのです。ギリシャではかなり買い物をして、日本に送ってもらうものもいくつかあったし、手持ちの荷物も重過ぎてバッグが破れるぐらいの状態で、これ以上買えないと言いました。

マスターは、「これは有名な彫刻家の作品で、その彫刻家は、もう亡くなっている。彼の遺品はこの店には1点しかなくて、ふさわしい人に買われると思っていました。あなたがその人ですね」と言うのです。

私は、そのアフロディーテ像にものすごくほれ込みました。それまで私は、アフロディーテが私のパラレル過去生であると知りませんでした。ゼウスとアポロン、ポセイドンが私のパラレル過去生であることは何となくわかっていましたが、アフロディーテは全く意識になかったのですが、その彫刻を見て、魂がビビビッと震えたのです。

私はアメリカに10年いましたが、帰国して15年目、去年からまたイギリスのネーティブの先生について英語力を磨いていたので、英会話には相当自信があります。英語でかなりうまく交渉して、私を気に入ってもらって、マスターは「おまえだったら、この値段でいい」と、郵送費も保険も込みで半額にしてくれました。ここまで来たら引けないという気持ちになって、ギリシャでの最後の買い物が大理石のアフロディーテの彫刻でした。新生アフロディーテさん、こういうストーリーがあったんですよ。

新生アフロディーテ　おもしろい話ですねえ。でも、私の彫刻を誰かが買ってくれたというのは感じていましたよ。あの彫刻家は本当に有名で、品質のいいことで有名な鉱山の大理石で彫ったのです。心ある人に買ってもらいたいと思っていたので、それがあなただと知って、すごくうれしいです。

ドクタードルフィン　あなたにそう言ってもらって、よかった。どうしてあのタイミングで、アフロディーテの彫刻と出会ったのか。それでアフロディーテと私のつながりは相当あるとわかって、私はその場でアフロディーテのＤＮＡを高次元リーディングしました。そうしたら、あなたと私の高次元ＤＮＡがぴったりマッチングしたので、あなたは私のパラレル過去生だと、すぐ認識しました。

先日、その彫刻がギリシャから鎌倉の私の診療所に届きました。彫刻は30センチぐらいの大きさでしたが、一辺が1メートル以上ある箱の中で、がんじがらめに包まれていました。すごく丁寧に梱包してくれていたのです。

最初は、業者にお願いして台を壁につけないと、この重さでは壊れると思ったのですが、自分でやってみたくなって、数十キロの物が載せられる頑丈な台を通販で買って、きょう、ＤＩＹをやったのです。私が最も苦手なのがＤＩＹで、一度もやったことがない。新生アフロディーテさん、あなたがそうさせたんですね。

新生アフロディーテ　私があなたにやってもらいたいと思ったので、あなたをその気にさせたのかもしれません。

ドクタードルフィン　汗を流してＤＩＹをやったら、バッチリうまくセッティングできました。今まで床に置いてありましたが、ようやく台の上にきれいに飾られました。

新生アフロディーテ　うれしいです。あなたが自分で台をとりつけてくれて、輝くところに私を飾ってくれたなんて、こんなうれしいことはありません。

ドクタードルフィン　自分であんな台をとりつけられて、あなたの彫刻を置けた。私は自分を誇りに思っています。きょう置いたばかりで、そのタイミングでこの語らいができてよかった。

新生アフロディーテ　あんなにエネルギーの高い診療所の一番いい場所に飾ってもらって、私もうれしいです。

ドクタードルフィン　私とあなたの縁は、やっぱりすごかったんですね。

あなたはギリシャの神々の中で最も美しい女神で、ミロのヴィーナスの原型だと知っていたので、ちょっと躊躇《ちゅうちょ》していたんですが、私のパラレル過去生だったなんてびっくりしました。

私のパラレル過去生には、超古代文明の女王とか、宇宙の星文明の女王とか、よくあるのですが、まさかギリシャ神のアフロディーテさんまで私のパラレル過去生とは、びっくりしました。

新生アフロディーテ　あなたは私そのものですよ。あなたの心の中、魂の中には、美女のエネルギーが入っているんですよ。とてもすばらしいことです。だから、あなたは女性の感性も持っているんです。女性のエネルギーがわかるんです。これからの新しい人類の女性の時代に、あなたの仕事が必要なんです。

ドクタードルフィン　やっぱりそうか。私は男性の体を持っているし、つくものもついているけれども、何か女性っぽいなと昔から思っていました。ドクタードルフィンは女性っぽいと言われることが多いんです。時々、女性のエネルギーが表に出ることもあって、やっぱり女性っぽいんだなというのはよくわかります。

ミロのヴィーナスは、昔から何となく気になっていました。それもあなたとのつながりですね。

新生アフロディーテ　ミロのヴィーナスは私そのものですよ。女性の美しさの象徴ですからね。

✹着ぐるみを脱ぎ捨て、魂の美しさに気づくことができた

ドクタードルフィン　それでは、質問していいですか。

新生アフロディーテ　はい、どうぞ。

ドクタードルフィン　まず、あなたは浮気の女神と言われていました。あ

なたは夫というものがありながら、夫がちょっとブサイクだからといって、気になる数多くの男性と浮気しましたね。

新生アフロディーテ　もうバレちゃっていますね。あらゆる本にも書かれていますものね（笑）。私は男性に目がなかったんです。いい男がいると、すぐ飛びついちゃった。神々とも交わったし、あなたのパラレル過去生であるゼウス神、アポロン神とも交わったわ。恥ずかしい……。人間の男性とも交わりました。今思えば、私は大変よからぬ女でした。正直に言って、女の武器を使って、男の弱みにつけ込んでいました。

ドクタードルフィン　アフロディーテさんの本を読んでいると、男の話しか出てこないですものね（笑）。

新生アフロディーテ　キャーッ、わかっているから、それ以上、言わないでね。

ドクタードルフィン　でも、大事な女性性の話ですから、続けていきますけれども、アフロディーテさんにしか伝えられないことがあると思うんです。女性の美しさというのは、どうあるべきだと思いますか。私が書き換える前のあなたの考え方と、今の考え方を教えてもらっていいですか。

新生アフロディーテ　あなたが私を書き換える前は、私は世界一美しいと思っていたので、私になびかない、私の言うことを聞かない男はいないと思っていたし、実際、そうでした。だから、非常に傲慢でエゴの強い女性でした。女性の美は外見で、見た目が美しければ何でも思いどおりになると思っていました。

内面は重要ではないと思っていたので、内面を見れば、以前の私は醜い女でした。簡単に人を裏切ったり、人を泣かせたりする。自分の美しさを自分で感じるために、男性たちを思いどおりに扱っていました。

あなたに書き換えられて、私は大きく変わりました。魂が自分の本質だと感じるようになりました。魂の着ぐるみが体だったのです。体がどんなにきれいでも、結局、最後は魂の美しさが大事なんですよね。そこに気づかせてくれたドクタードルフィンに感謝します。

着ぐるみである体がきれいであることだけを鼻にかけて、私は生きてきたと思います。今、振り返れば、私は非常に寂しかったのです。男性が周りにいないと自分を保てなかった。いい男が周りにいることで自尊心が持てるし、自分を愛することができると勘違いしていました。周りに男性がいないと寂しくて、非常に不安定でした。

今は、周りに男性がいなくても自分に誇りを持てる、自分を愛せる女性にならなくてはいけないと感じるようになりました。

ドクタードルフィン　やっぱりそうですか。それは私が講演会とかスクールで、いつも皆さんに伝えてきたことなんですよ。何かがあるから幸せということではダメなんですね。何かがあってもなくても同じように安定して幸せ。私が最近出した『超幸福論　スーパーハピネス』（DRDエンタテイメント）に書いたとおりです。対象のある条件つきの幸せでなく、対象のない無条件の幸せがスーパーハピネスです。これを人類は実現する必要があります。

新生アフロディーテ　まさにドクタードルフィンの言うとおりです。私は条件つきの幸せを求めていたのです。これからは、たとえ私の体が美しくなくても、周りに男がいなくても、自分に誇りが持てる、自分を愛せるようになっていくことが必要だなと思っています。今はなかなかそうなれていないですが、あなたに書き換えられて、そうなっていけるんじゃないかという希望が持てています。

✹新生アフロディーテから男性へのメッセージ

ドクタードルフィン　今の男性たちに何か一言メッセージがありますか。新しく生まれ変わった絶世の美女、アフロディーテさんからのメッセージは、今の男性たちにすごく必要だと思います。

新生アフロディーテ　今の男性たちに一言申しますと、私も経験してきたことですが、どうしても男性は女性の外見に惑わされます。外見が悪いよりいいほうがいいに決まっていますから、外見に惚れるのは当たり前です。これは男女の宿命かもしれませんね。

性的な要素が強いから、外見に惚れるのです。私は神々とも人間とも、数々の体の交わりを行ってきたからわかるのですが、性的な要素が強いということは男と女の分離が強いということです。男は体が出っ張っているし、女はへこんでいるということであらわされます。つまり、男女の分離が強ければ強いほど、性的なものにひかれあう男女関係になります。

そうなると、男女の魂の本質の交流はできないということを私は申し上げたいと思います。性的な交わりが悪いというわけではないですが、これからの人類の次元上昇に関して男性に伝えたいのは、自分の中で、自分は男性だという部分を少し緩めてください。自分の体は男性だし、男性のエネルギーが強いけれども、女性のエネルギーも随分あるんだということに気づいてください。

地球に存在する神にも人間にも、男性のエネルギーと女性のエネルギーの両方が入っています。だんだん中立になってきています。昔は、男性だけのエネルギー、女性だけのエネルギーで生きていましたが、今は、男性のエネルギーと女性のエネルギーが同じぐらい強くなっている人がふえてきています。

男性に一言お伝えしたいのは、あなたの中の女性性に気づいて、大切にしてください。今までは「男らしく生きよう」という世間の価値観でした。でも、今は「女らしく生きる」という部分を大切にして生きるようにしてください。今まで男性は、自分の中の女性らしさに気づくと、それを封印してきましたね。これからはそれを隠さずに、表に出していく時代になっていきます。ですから、あなたの中の女性性を大切にしてください。

そうすると、相手の女性の中にも男性性を見ることができるようになります。男女の分離のつき合いではなくて、男女が融合した存在同士としてつき合うようになり、体の性的なつき合いという要素は減っていきます。男女の性的な関係だけで成り立つという時代から、精神的、魂的なつき合いが大事な時代になります。

ドクタードルフィン　今のメッセージはとてもいいお話でした。男性にすごく役立つと思います。

✹女性たちよ、自分の中の男性性も大切に

ドクタードルフィン　では、これから次元上昇するために、女性に対して一言メッセージをいただけますか。

新生アフロディーテ　今まで多くの女性は、男性に興味を持たれよう、好かれようと一生懸命になってきました。これはやはり性的な要素が強くて、男女の分離が強かった結果です。それは別に悪いことではないし、そういう要素があるから女性はきれいになり続けるので、それを捨てろとは言いません。

それを大切にした上で、今まで封印してきた自分の中の男性性も表に

出すようにしてください。自分はこういう男性性の部分もあるということを勉強すると、女性にこだわらなくなっていきます。自分の男性としての存在も大切にできるようになる。そうすると、相手の男性の中にも女性性を見られるようになって、さっき男性たちに申し上げたように、性的な関係だけでなく、それ以外の関係でも結ばれる、交流できるようになっていきます。それが非常に重要です。

女性は、生まれつき美しい人、そうでもない人、どうしても不公平がありまず。私は外見が非常にきれいだったためにちやほやされたのですが、そこから学ぶという課題がありました。外見がきれいでなく生まれた女性にも、そこから学べる別の課題があります。それぞれの課題がある。女性が美しいことは一つの大きなメリットではあるんですが、そうでなかったとしても、そのメリットを上回る長所をつくり上げることが可能です。

性的な対象としての男女でなく、魂的、能力的な対象として男女を見られるようになると、今まで以上に、美しさを内面から出せるようになります。内面からにじみ出る美しさは、外見だけ美しい女性には表現できない輝きがあることを覚えておいてください。

ドクタードルフィン　とてもすばらしいメッセージでした。新生アフロディーテさん、ありがとうございました。

語らい（その四）　新生ポセイドン

BEFORE：ビフォー

怒らせると津波や地震が発生?!　傲慢な人間には鉄槌を

ポセイドンは、ティタン神族のクロノスとレアの子どもで、ゼウスの兄に当たります。主要な神の一人です。

ポセイドンは海をつかさどる神で、「海のゼウス」と異名があるくらい、その力はぬきんでていました。「オリュンポス12神」の中では、最高神ゼウスに次ぐ地位にいるとされています。しかし、弟のゼウスにはかなわず、いつも渋々従っていました。

ポセイドンの正妻は、神でなく、海の精霊アムピトリーテです。しかし、多くのギリシャの神々と同じように、愛人もたくさんいました。ギリシャの神々はみんなそうです。頭髪がヘビのメドューサも愛人でした。メドューサはもともときれいだったのですが、妖怪にされてしまったのです。

ポセイドンは海の神であると同時に、地震をつかさどる神です。大きな地震を引き起こし、大地を揺さぶったり、静めたりすることもよくありました。

ポセイドンが海と大地を支配できるのは、一つ目の巨神キュクロプスから三叉の槍を与えられたからです。この槍のおかげで、すごく強かった。三叉の槍をひとたび振るうと、たちまち嵐や津波、地震が起きたとされています。

ポセイドンは気が短くて直情的な神で、古代ギリシャの人々は、津波や地震はポセイドンの怒りのせいだと恐れていましたが、一方で、航海の安全を守ってくれる神でもあるので、海上交易に従事していた沿岸部の古代ギリシャ人たちは篤く信仰していました。

また、違う一面もあって、人間の傲慢な振る舞いに対して、たびたび怪物を送り込んで懲らしめることもありました。

馬がシンボルで、ペガサスはポセイドンの子どもです。

新生ポセイドンとの語らい

ドクタードルフィン　私、ドクタードルフィンのパラレル過去生である新生ポセイドンさん、ここに降りてきてください。新たに生まれ変わって、私と語らいをしていただくことで、人類と地球の次元上昇のため、よきアドバイス、メッセージをください。（新生ポセイドンを召喚する）

新生ポセイドンさん、こんにちは。私はギリシャではあなたの直接のエネルギー開きはしませんでしたが、あなたの弟ゼウスを開き、あなたたちの大もとであるアトランティス文明のエネルギーを書き換えて開いたので、あなたにも大きく生まれ変わっていただきました。私は非常に喜んでおります。

新生ポセイドン　おうおう、わしをパラレル過去生とするドクタードルフィンよ、きょうはよく呼んでくれた。ぜひあなたの願いに応えたいと思うぞ。

わしはギリシャのオリュンポス神の中でも、非常に力強く、人々の信仰をよく集めた、本当に有力な神だったんじゃ。オリュンポスの中でも、弟であるゼウスに次いで地位が高かった。

しかし、ゼウスにはいつもかなわなかったな。ゼウスは本当にすごかった。太刀打ちできなかった。力も強いが、それだけでなく、全知全能と言われているとおり、知恵もすごかった。

だけど、あなたドクタードルフィンがゼウスを書き換えてくれた。わしは非常に喜んでおるんじゃ。わしもゼウスの振る舞いには非常に困っていたし、悩んでいた。力強さと頭のよさを武器に、多くの人を殺めたし、泣かせてきた。これには、わしも頭を痛めていたんだが、あなたのおかげで、ゼウスがすばらしいパーソナリティー、人格に書き換わった。わしも、そのエネルギーを受け取ったぞ。非常に感謝している。

さらに、わしたち神々の大もとであり、先祖のエネルギーであるアトランティス文明のエネルギーを書き換えてくれたのお。穏やかでクリエーティブなものにしてくれた。非常にうれしいと思っているぞ。

ドクタードルフィン　それはうれしいですね。私のパラレル過去生はゼウスでもあり、あなた、ポセイドンでもあるという、非常に複雑な立ち位置におります。両方とも私なんです。2人とも書き換わってくれたことは非常にうれしいと思います。

新生ポセイドン　わしは今までゼウスとは表面だけでつき合っていて、ゼウスに好かれるようにしてきたわけじゃ。非常につらかったのお。でも、あなたがエネルギーを開いてくれて以来、本心で仲よくできるようになった。わしは非常に喜んでおるんじゃ。感謝を申したい。

ドクタードルフィン　私のパラレル過去生の2人が、そのように兄弟として仲直りして、表面だけでなく本心で純粋につき合えるようになったことは、神々の中でもとても大事なことだと思います。よかったです。

アトランティス文明が書き換わって、新秩序の世界が世に出たということですから、ぜひ新しい世界をリードしてもらうために、新生ポセイドンのエネルギーが非常に大事だと思います。

ですから、ちょっと質問させてください。

新生ポセイドン　いいぞ。質問してくれ。何でも答えてやろう。

✹ 自然災害は「人間」のあり方次第

ドクタードルフィン　ありがとうございます。まず、あなたの怒りが地震とか津波という自然災害を起こすと、当時の古代ギリシャ人は恐れていたようです。それに関してどうかということを。もう一つ、新生ポセイドンの今の立ち位置として、自然環境に対してどう思うかというメッセージをください。

新生ポセイドン　わしは、あなたのエネルギー開き以来、非常に変わったぞ。確かに今まで地球はエゴと破壊で、争いばかりだった。自然災害もたくさんあった。

ギリシャ神話で言われているように、わしは人間の傲慢さ、エゴとか破壊するという勝手さに非常に怒りを覚えていた。わしは単なる悪い神のように思われてしまうかもしれないが、そうではなくて、人間の行いに問題があったんじゃ。それを知らせるために、幾度となく大地震を起こしたり、大津波を起こしたりしてきた。

わしが海の神の頂点にいて、わしの下に、それぞれの海をつかさどる神が世界にたくさんいるわけだ。２０１１年３月11日の東日本大震災の津波も、わしの系統の神のエネルギーが関係している。それは人間に大事なものを学ばせるという意味があったんじゃ。それぐらいしないと人間は気づかない。学ばない。日本だけでなく、世界でそうだった。

しかし、ドクタードルフィンがわしを書き換えてくれたおかげで、わしは新生ポセイドンとして非常に穏やかになった。災害でなくて、もっと違う形で人間に気づかせて、学ばせるという存在になったと思う。これから地震や津波は少し穏やかになっていくじゃろう。

ただ、これもわからんのう。このたび、ドクタードルフィンが新秩序の世界を開いたから、わしは期待しておるが、それでも人間がなお傲慢であり続けるなら、わしはまた以前のように、怒りを持つ、恐れられる存在にならないといけない。だから、人間次第なんじゃ。

ドクタードルフィン　いいメッセージをありがとうございました。

三叉の槍を振りかざすと、地震や津波という自然災害を起こすということですが、やっぱりそうなんですか。

新生ポセイドン　確かに一つ目の巨神キュクロプスから三叉の槍をもらったんだ。それを振ってみたら、自然環境が大荒れになったんだよ。すごいエネルギーを持っていることがわかったから、傲慢な人間を懲らしめるときにそれを使ったわけじゃ。

でも、今はあなたが書き換えてくれたおかげで、今この手にある三叉の槍も、平和の象徴にしたいと思っている。これからは災害ではなく、愛と調和のあかしとして、この槍を世に示したいと思っている。

ドクタードルフィン　ぜひそうしてもらったらうれしいと思います。

✹海だけでなく人生の航海をサポートすることが新たな使命

ドクタードルフィン　最後にもう一つ質問させてください。航海の安全を守ってくれる神として、海上交易に従事していた沿岸部の古代ギリシャ人たちに篤く信仰されていたそうですが、これに関してどうですか。

新生ポセイドン　そのとおりじゃ。わしは自然災害を起こす神として人間を悩ませることもやっておったが、かといって、悪い性格ではないからのお、根本的には人間を守りたいと思っていたんじゃ。だから、船で航海するときに、人間を嵐から守ることもやっておったぞ。それはこれからも変わらずやっていきたい。

あなたがわしを次元上昇させてくれたから、今は船の航海だけでなく、人間の人生の航海を襲う風とか波に立ち向かって、突き進んで新たな境地を開く、新秩序の世界を開く、そういうチャレンジをサポートするという役割を持ちたいと思っておるんじゃ。

ドクタードルフィン　すごいですねえ。海の航海だけでなく人生の航海、すばらしいお話を聞けました。ありがとうございました。

きょうは本当にいいお話が聞けました。私はあなたに対して誇りを感じたので、自分に対する誇りも上がりました。これからも人類と地球の次元上昇にサポートをよろしくお願いします。ありがとうございました。

語らい（その五）　新生アスクレピオス

BEFORE：ビフォー

古代医学の父。死者を蘇らせる禁断の力を持つ不老不死の存在

アスクレピオスは、私の主要なパラレル過去生の一つです。私とつながっています。

ヒポクラテスを現代医学の父とするなら、アスクレピオスは古代医学の父です。アスクレピオスは死者を蘇らせる力を持っています。ですから、私は今、死者をも蘇らせる力を持とうとしています。でも、あまり力を持ち過ぎてしまうと、今の世の中を攪乱《かくらん》してしまうから、その辺が私の悩みどころです。

アスクレピオスは、アポロンの息子です。だから、父親と子どもが同時に

私のパラレル過去生なのです。

テッサリアのラリッサ国の王女コロニスは絶世の美女でした。アポロンに寵愛《ちょうあい》され、妊娠して、生まれた子どもがアスクレピオスです。

ところが、王女コロニスは、夫アポロンの留守中にイスキュスと密通したのです。アポロンが見張りをさせている白いカラスがいたのですが、カラスがその不倫現場を見て、アポロンに教えました。アポロンはそれを絶対に許さないと、アルテミスにコロニスを殺させました。

その後、アポロンは罪悪感にかられて、白いカラスに呪いをかけました。カラスはそれから黒いカラスになったのです。これがカラスが黒い理由です。

アポロンはコロニスを殺して、おなかの中でまだ生きていたアスクレピオスを取り出し、ケンタウロスの賢者ケイロンに預けました。アスクレピオスはケイロンに医学を教わったのです。そこでアスクレピオスの才能が開花しました。ついに死者を蘇らせるまでの実力を得ました。

アスクレピオスが持っていたヘビが巻きついている杖は、医学の象徴として有名なものです。

死者を蘇らせるまでになったアスクレピオスに、アポロンの父ゼウスは、こんなことをされたら世界の秩序がめちゃくちゃになると恐れて、雷を落として孫のアスクレピオスを殺しました。

すると、アポロンは、よくも自分の子どもを殺したなと激怒しました。ゼウスは反省して、アスクレピオスを生き返らせ、不老不死にして神々の仲間に加えました。だから、いまだに死なないで生きているのです。

新生アスクレピオスとの語らい

ドクタードルフィン　アトランティス文明が生まれ変わり、生まれ変わった新生アスクレピオスさん、ここへ降臨してください。ぜひ私たちの次元上昇のために、大事なメッセージ、アドバイスをください。（新生アスクレピオスを召喚する）

新生アスクレピオス　われはアスクレピオスであるぞ。よく呼び出してくれたなあ、ドクタードルフィンよ。

ドクタードルフィン　よく来てくれました。ありがとうございます。あなたも、私のパラレル過去生です。特に私はドクターをやっています。人間を救うことをやっています。時代は違えど、あなたが古代ギリシャで行ったことと同じ世界を生きています。ですから、あなたのメッセージをぜひ聞きたいと、きょうは楽しみにしておりました。

新生アスクレピオス　そうかい、わかったぞ。現代医学の知識はいいところもあるが、私からすると浅いなあ。私が行っていた古代ギリシャの医学は、生命の本質をついていたぞ。現代医学はそこを知ることが必要だし、特に新しい医学を行っているドクタードルフィンが知ることは大事ですぞ。きょうはしっかり聞いておくれ。

ドクタードルフィン　わかりました。ぜひお聞かせください。質問形式でやっていきたいと思います。よろしくお願いします。

あなたの父親のアポロンは、母親コロニスを浮気に激怒して殺してしまった。でも、それを非常に後悔して罪悪感を持ったために、伝言役であった白いカラスを黒くしたという話がありますね。そして、あなた、アスクレピオスは、死んだコロニスのおなかから取り出されて、まだ生きていたということで、奇跡の生誕ですね。

実は私も生まれたときに、生後10日の命だろうと言われたぐらい状態がよくなかったのです。私も奇跡的に生きてきたということで、あなたに通じるものを感じます。

あなたは亡くなったお母さんから生まれたということについて、どのように感じていますか。

新生アスクレピオス　私を産んでくれたといっても、私の母親コロニスは、死んだ姿になってしまって、私を産んだわけです。私が生まれたときには感謝する対象はすでに死んでいて、この世にいなかったわけですけど、私というものを世に出してくれた、命を与えてくれたということで、コロニスの魂には感謝しています。

ドクタードルフィン　すばらしいお母さんでしたね。浮気をしたのがいいか悪いかは別にして、あなたを産んだということは、ギリシャ神話の中の大事な1ページだったと思います。

あなたのお父さんアポロンは、私のパラレル過去生でもあるのですが、非常にすぐれたお父さんでした。アポロンが激怒してお母さんを殺してしまったということに関しては、どのように感じていますか。

新生アスクレピオス　私は、その話は実はずっと聞かされていなかったのです。この前、ドクタードルフィンがギリシャに来て、参加者の前でその話を語っているのを聞いて、ああ、そうだったのかとびっくりしました。正直に言って、その瞬間は、父アポロンに憎しみを覚えました。それまで私は父を尊敬していましたし、父のようになりたいといつも思っていました。父も医学にたけていたので、その影響もあって、私は医学に邁進《まいしん》してきたわけです。

あなたが、父が母親を殺したということを私に教えた。私は非常に混乱しました。しかし、あなたが父を書き換えてくれたおかげで、父はそれを反省したようです。父は、今までは傲慢で当たり前だと虚勢を張っていたところがあったみたいですが、私に謝罪してくれました。本当に心からの謝罪でした。それで私は父を許すことにしました。

あなたのエネルギー開きで、あなたのパラレル過去生である父と私が仲直りすることができました。ありがとうございます。

ドクタードルフィン　そうでしたか。私が教えてしまったんですね。でも、結果的に仲直りしたということなら、すごくうれしいと思います。

✹ケイロンから何を教わったか

ドクタードルフィン　次の質問は、あなたは、非常に有能なケイロンから、医学を教わったそうですね。どのようなことを教わったんですか。

新生アスクレピオス　私は生まれたときからケイロンに預けられて、子どものころから、人間の命の不思議というものを教えてもらった。人間の命は決して人間が操作できるものではない。宇宙から与えられた非常に神秘的なものであるということを、徹底的にたたき込まれました。それが私の医学の知識の土台になっています。

生きる、死ぬということに対してもすごく教えられました。生きるということはどういうことか、死ぬということはどういうことかということを、宇宙を通して教えられました。

病気に関しても、病気は偶然になるものではない、本人の魂、意識と大きな関連性があるんだということも、長い間、ずっと教わってきました。だから、病気になることにも意味があって、死ぬことにも意味があるんだということをすごく学んできました。

この点は、今の現代医学が最も見失っている部分だと思います。現代医学は、病気は不幸な状況によって偶然に生じるものとされています。これは私が学んできたことと全く逆です。死ぬことも意味がなく、ただ単に状態が悪くなったために、生体が終わってしまうという考えです。だから、生きることはいいけど死ぬことは悪いという教えが、今の現代医学です。これは、私が教わってきたことと大きく違います。

ドクタードルフィン　私もこの世で現代医学を10年ぐらいやりましたけど、これは違うな、宇宙の本質ではないと直感的に感じて、アメリカで10年、カイロプラクティックを学び、15年前に帰国して、今、鎌倉の地で開業しております。今は投薬も手術も一切せず、現代医学の手法も一切用いず、エネルギー医学をやっております。

その中で、あなたが言った、病気は必然的に意味があってなるもの、死も必然的に意味があって起こるものということに、まさに私は共鳴するし、そのとおりだと思います。

新生アスクレピオス　私は高次元の世界から、ドクタードルフィンの活動を見ていますよ。あなたはすばらしい活動をしていますね。古代ギリシャの私の医師としての活動にすごく共鳴するところがあります。ぜひどんどん突き進んでほしいと思います。

ドクタードルフィン　ありがとうございます。あなたにそう言われるとすごくやる気が湧いてくるし、今後もどんどんやっていきたいと思います。

✹死者を蘇らせる方法

ドクタードルフィン　あなたは死者を蘇らせることができるようになったそうですね。私は、それはすごいことだなと感じています。現代医学でも、死者を蘇らせることはできない。ジーザス・クライストが十字架で処刑された3日後に生き返ったという例はありますが、現代医学では死者が蘇るという例は聞いたことがありません。だから、非常に興味深いのですが、実際にどういうことをされていたのですか。これはギリシャ神話の本にも書かれていない。この場でしか聞けないことなので、ぜひ教えてください。

新生アスクレピオス　それは私もみんなにあまり伝えてこなかったんです。これを伝えると勘違いされることがあるし、私のまねをしてそれを死んだ人にとり行う人間が出てくると思いました。人間が中途半端に蘇ってしまうと、かえって不幸な部分も出てくるので、勘違いされて伝わることを非常に恐れたわけです。だから、私がどんなことをやったかというのは、ずっと伝えてきませんでした。

ドクタードルフィン　やっぱりそうですよね。私も聞いていいことかどうかわからなかったんですけど、私もこれから世界をリードする医者になるために、少しでも教えてもらえたらと思います。

新生アスクレピオス　ドクタードルフィンのお願いなら、私も黙っているわけにいかないかもしれませんね。

死んだ人は、体は死んでいますけど、魂はまだ残っているわけです。私はその魂にアクセスできたので、アクセスしました。そして、「あなたが地球で生きている間にできなかったことを、もう一度挑戦してみたいか」と私は確認しました。

そのときに、よかれと思って死んだけれども、魂となってから、あそこでこうしておけばよかった、ああしておけばよかったということがある人がいることを知りました。そうした場合にのみ、私は本人の意思、希望に基づいて、魂を地球に降ろすことをやりました。

それは亡くなった人の宇宙の魂意識にアクセスして、地球にもう一度降りるという選択を本人にさせただけです。私が何をやったというわけじゃないんですよ。

普通は、地球に降りるという選択はなかなかできないんです。死んだ人の魂は自分だけでは地球に降りられないんですが、私は命のことをいろいろ学んできたので、どのようにやればその人が地球に戻れる状態になるかを知っていました。誰でも彼でも戻すわけでなくて、この人を戻せば地球のためになる、人類のためになると思った場合にのみ戻して、生き返らせたということです。

ドクタードルフィン　やっぱり誰でもいいわけじゃないんですね。

もう一つだけ聞かせてください。あなたはどういうことを、どういうふうにして、死者の魂が地球に戻るという選択をさせる状態に誘導したのですか。

新生アスクレピオス　ドクタードルフィンはそれを聞きたいわけですね。ここを下手に教えると勘違いされるので、ドクタードルフィン、正しく伝えてください。

ドクタードルフィン　わかりました。

新生アスクレピオス　未練とか怒りを持って、地球に戻りたいという魂がいっぱいあるんですよ。それは戻してはいけないんです。つまり、今まで地球で生きてきた自分の人生と自分に感謝しているか。ドクタードルフィンがいつも言いますが、愛と感謝を抱いている魂は私にはすぐわかるので、その人たちに、こう語りかけました。

まず、地球で生きていた自分に、「ありがとう」と愛と感謝を送ってください。それと同時に、あなたの魂の大もとのエネルギーにも、私が地球に戻ることを受け入れてくださいと、戻していただくことに愛と感謝を送ってください。つまり、地球で生きたあなたの人生、そしてあなたの魂の大もと、その両方に愛と感謝を向けさせると、亡くなった人が地球に一瞬で戻ります。

ドクタードルフィン　それはすばらしいことを聞きました。地球では誰も聞いたことがなかった話ですね。私のこれからの医師としての人生に役立てたいと思います。

✹不老不死

ドクタードルフィン　もう一つ、聞きにくいことを質問させてください。

新生アスクレピオス　はい、何ですか。

ドクタードルフィン　あなたのおじいさんゼウスは、あなたが死者を蘇らせたことで、世界に秩序がなくなると危機感を覚えて、あなたを殺してしまいました。それに対してどう思いますか。

新生アスクレピオス　それは非常にショッキングでしたが、雷に撃たれて死んだ瞬間に、私はその理由がよくわかりました。私が死者を蘇らせることを広めてしまうと、世界の秩序がなくなってしまうので、仕方がなかったのかと思います。

あのころは、まだ古いアトランティスのエネルギーの時代だったので、そういうことが起きると不都合だったのだと思いますが、今はドクタードルフィンが新秩序の世界を開いてくれたので、蘇るべき人が蘇ることはあってもいいいんじゃないかなと感じます。

ドクタードルフィン　言いにくいことをありがとうございました。非常に貴重な意見です。秩序が乱れるということでゼウスはあなたを殺したのですが、私がエネルギーを開いたので、これからはどんどん新しい秩序になります。殺す必要はないのです。

最後に一つだけ聞かせてください。あなたのお父さんアポロンは息子が殺されたことに激怒して、「許せない！」とゼウスに詰め寄りました。ゼウスはあまりの熱意に反省して、あなたを生き返らせ、不老不死にしました。これはすごいことです。

あの時代にも、不死ということはありませんでした。過去の歴史の中でも、中国の権力者が不老不死を得たいということで、薬草とかいろんなことを研究させませしたが、誰も実現できませんでした。でも、ゼウスは簡単に実現したのです。ゼウスは私自身のパラレル過去生ですが、すごいエネルギーを持っていることにびっくりしました。

あなたは死ななくなりました。いまだにずっと生きています。それについて、どう考えてきましたか。

新生アスクレピオス　いいことを聞いてくれました。誰にも言っていないことを正直に言いましょう。私は古いアトランティスのエネルギーのままで、最近まで生きてきました。あなたがギリシャに来て、サントリーニ島でアトランティスを書き換えて開いてくれるまでは、非常につらい思いをしてきました。これだったらもっと早く死んでいたほうがよかったんじゃないかと、何回も思いました。

なぜならば、エゴと破壊と統制の時代をずっと見せられてきたからです。私が望むのはそういうものではありません。医学も、そういう中にあっては進化しません。協調と創造と自由の中にあってこそ、宇宙とつながる医学が生まれます。だから、そういう時代になってほしいと思っています。

しかし、今、あなたがギリシャ、アトランティスを開いてくれたおかげで、新秩序になりました。今まで私がうんざりしてきた、本当に嫌な思いをしてきた古いアトランティスのエネルギー、エゴ、破壊、統制が、今は協調、創造、自由に変わりつつあります。これから新しい世界、新秩序、新しい人類が生まれていくのを、ぜひ見届けたいと思うようになりました。だから、今となっては不死の命を持っていることに非常に感謝しているし、喜んでいます。

でも、新しい世界をある程度見届けたら、いつまでも生きていなくてもいいとも思います。生まれ変わった新生ゼウスが私のことを理解できるようになったので、命を終わらせてもらおうかと思っています。そういう最期を自分でお願いするときが来るかもしれません。

ドクタードルフィン　そんな深いところまで教えてもらって、私は感動しています。これからの私の医者としての新しい人生の大きな宝物になりました。どうもありがとうございました。

88次元 Fa-A

ドクタードルフィン 松久 正（まつひさ ただし）

医師（慶應義塾大学医学部卒）、米国公認 Doctor of Chiropractic（米国 Palmer College of Chiropractic 卒）。鎌倉ドクタードルフィン診療所院長。

超次元・超時空間松果体覚醒医学（SD-PAM）／超次元・超時空間 DNA オペレーション医学（SD-DOM）創始者。

神や宇宙存在を超越する次元エネルギーを有し、予言された救世主として、人類と地球を次元上昇させ、弥勒の世を実現させる。著書多数。

ドクタードルフィンホームページ
https://drdolphin.jp

全能の神・ゼウスが別人に生まれ変わったら!?

ギリシャの神々との語らい

今ここに新たな神話が誕生する!

第一刷　2023年12月31日

著者　松久 正

発行人　石井健資

発行所　株式会社ヒカルランド

〒162-0821 東京都新宿区津久戸町3-11 TH1ビル6F

電話 03-6265-0852　ファックス 03-6265-0853

http://www.hikaruland.co.jp　info@hikaruland.co.jp

振替　00180-8-496587

本文・カバー・製本　中央精版印刷株式会社

DTP　株式会社キャップス

編集担当　石田ゆき

ISBN978-4-86742-309-7

ドクタードルフィン先生も太鼓判！
生命維持に必要不可欠な珪素を効率的・安全に補給

◎珪素は人間の健康・美容に必須の自然元素

珪素（イメージ）

地球上でもっとも多く存在している元素は酸素ですが、その次に多いのが珪素だということはあまり知られていません。藻類の一種である珪素は、シリコンとも呼ばれ、自然界に存在する非金属の元素です。長い年月をかけながら海底や湖底・土壌につもり、純度の高い珪素の化石は透明な水晶になります。また、珪素には土壌や鉱物に結晶化した状態で存在している水晶のような鉱物由来のものと、籾殻のように微生物や植物酵素によって非結晶になった状態で存在している植物由来の２種類に分けられます。
そんな珪素が今健康・美容業界で注目を集めています。もともと地球上に多く存在することからも、生物にとって重要なことは推測できますが、心臓や肝臓、肺といった「臓器」、血管や神経、リンパといった「器官」、さらに、皮膚や髪、爪など、人体が構成される段階で欠かせない第14番目の自然元素として、体と心が必要とする唯一無比の役割を果たしています。
珪素は人間の体内にも存在しますが、近年は食生活や生活習慣の変化などによって珪素不足の人が増え続け、日本人のほぼ全員が珪素不足に陥っているとの調査報告もあります。また、珪素は加齢とともに減少していきます。体内の珪素が欠乏すると、偏頭痛、肩こり、肌荒れ、抜け毛、骨の劣化、血管に脂肪がつきやすくなるなど、様々な不調や老化の原因になります。しかし、食品に含まれる珪素の量はごくわずか。食事で十分な量の珪素を補うことはとても困難です。そこで、健康を維持し若々しく充実した人生を送るためにも、珪素をいかに効率的に摂っていくかが求められてきます。

こんなに期待できる！　珪素のチカラ

●健康サポート　●ダイエット補助（脂肪分解）　●お悩み肌の方に
●ミトコンドリアの活性化　●静菌作用　●デトックス効果
●消炎性／抗酸化　●細胞の賦活性　●腸内の活性　●ミネラル補給
●叡智の供給源・松果体の活性　●免疫の司令塔・胸腺の活性　●再生作用

◎安全・効果的・高品質！　珪素補給に最適な「レクステラ」シリーズ

珪素を安全かつ効率的に補給できるよう研究に研究を重ね、たゆまない品質向上への取り組みによって製品化された「レクステラ」シリーズは、ドクタードルフィン先生もお気に入りの、オススメのブランドです。
珪素は体に重要ではありますが、体内の主要成分ではなく、珪素だけを多量に摂って

自然の中にいるような心地よさと開放感が
あなたにキセキを起こします

元氣屋イッテルの１階は、自然の生命活性エネルギーと肉体との交流を目的に創られた、奇跡の杉の空間です。私たちの生活の周りには多くの木材が使われていますが、そのどれもが高温乾燥・薬剤塗布により微生物がいなくなった、本来もっているはずの薬効を封じられているものばかりです。元氣屋イッテルの床、壁などの内装に使用しているのは、すべて45℃のほどよい環境でやさしくじっくり乾燥させた日本の杉材。しかもこの乾燥室さえも木材で作られた特別なものです。水分だけがなくなった杉材の中では、微生物や酵素が生きています。さらに、室内の冷暖房には従来のエアコンとはまったく異なるコンセプトで作られた特製の光冷暖房機を採用しています。この光冷暖は部屋全体に施された漆喰との共鳴反応によって、自然そのもののような心地よさを再現。森林浴をしているような開放感に包まれます。

みらくるな変化を起こす施術やイベントが
自由なあなたへと解放します

ヒカルランドで出版された著者の先生方やご縁のあった先生方のセッションが受けられる、お話が聞けるイベントを不定期開催しています。カラダとココロ、そして魂と向き合い、解放される、かけがえのない時間です。詳細はホームページ、またはメールマガジン、SNS などでお知らせします。

ヒカルランド　好評既刊！

地上の星☆ヒカルランド　銀河より届く愛と叡智の宅配便

高次元シリウスが伝えたい
水晶（珪素）化する地球人の秘密
著者：ドクタードルフィン 松久 正
四六ソフト　本体 1,620円+税

ドクター・ドルフィンの
シリウス超医学
地球人の仕組みと進化
著者：∞ishi ドクタードルフィン 松久 正
四六ハード　本体 1,815円+税

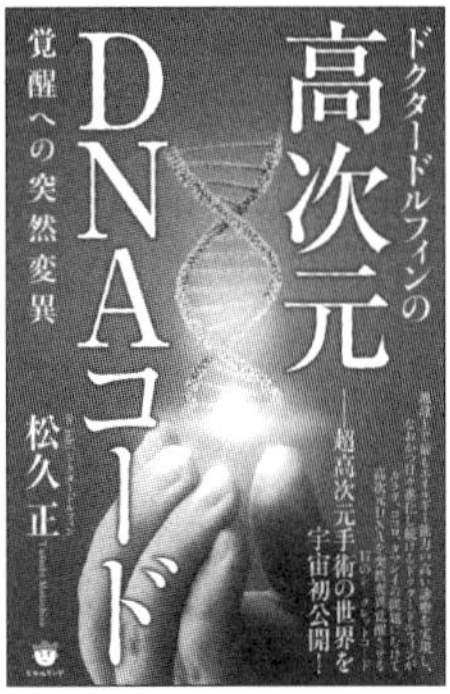

ドクタードルフィンの
高次元DNAコード
覚醒への突然変異
著者：∞ishi ドクタードルフィン 松久 正
四六ハード　本体 1,815円+税

令和のDNA
0＝∞医学
著者：∞ishi ドクタードルフィン 松久 正
四六ハード　本体 1,800円+税

菊理姫（ククリヒメ）神降臨なり
著者：ドクタードルフィン 松久 正
四六ハード　本体 1,800円+税

宇宙からの覚醒爆弾
『炎上チルドレン』
著者：松久 正／池川 明／高橋 徳／胡桃のお／大久保真理／小笠原英晃
四六ソフト　本体 1,800円+税

ヒカルランド　好評既刊！

地上の星☆ヒカルランド　銀河より届く愛と叡智の宅配便

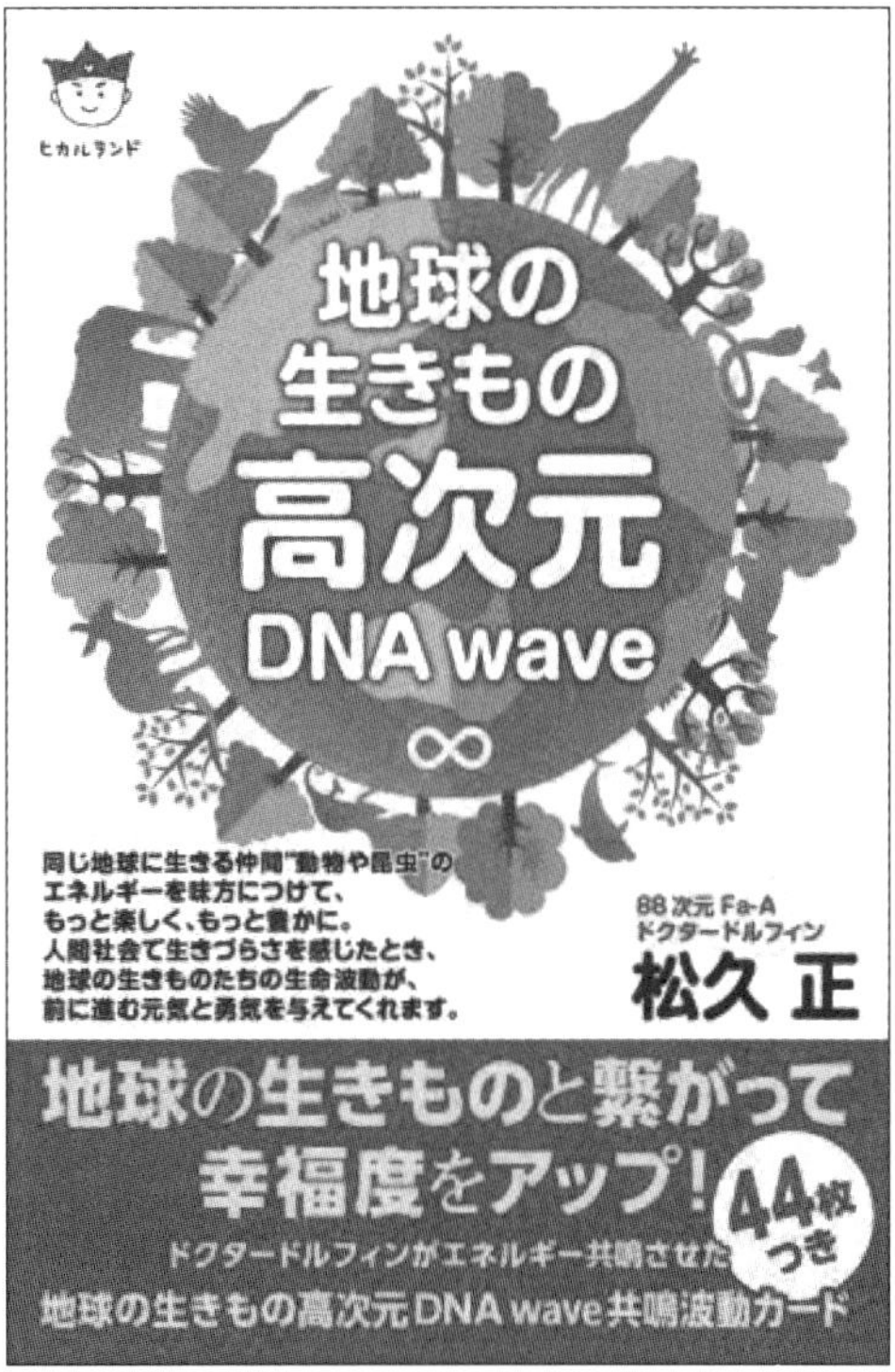

地球の生きもの高次元DNA wave
著者：88次元 Fa-A ドクタードルフィン 松久 正
四六ソフト　本体 3,600円+税